AF368046

# PETITE

# HISTOIRE UNIVERSELLE

# PETITE
# HISTOIRE UNIVERSELLE

A L'USAGE

## DES CLASSES ÉLÉMENTAIRES

PAR

## M. l'abbé PETIT

PROFESSEUR D'HISTOIRE

> « Il serait honteux à tout honnête homme
> d'ignorer le genre humain et les changements
> mémorables que la suite des temps a faits
> dans le monde. »
>
> BOSSUET.

PARIS

LIBRAIRIE CLASSIQUE DE CH. FOURAUT ET FILS

RUE SAINT-ANDRÉ-DES-ARTS, 47

1875

# AVANT-PROPOS

—

Il m'a toujours paru un non-sens de faire apprendre aux enfants la géographie universelle sans leur rien dire des peuples dont ils récitent les noms. J'ai pensé qu'il ne serait pas hors de propos de composer une *Petite Histoire Universelle* à l'usage des écoles, de montrer aux élèves les révolutions diverses, les mœurs et les coutumes des nations étrangères, et de mettre sous leurs yeux la marche de la civilisation à travers le monde.

Deux manières s'offraient à moi de réaliser ce dessein : la première était de prendre chaque peuple en particulier, de le suivre dans ses progrès depuis ses origines jusqu'à nos jours ; la seconde, d'envisager du même coup d'œil le monde entier et de l'étudier dans sa marche générale, en ne tenant compte que des faits principaux. La première manière était la plus facile à traiter, mais elle avait l'inconvénient de montrer chaque peuple trop isolé de ses voisins : c'eût été une série d'histoires particulières et non une histoire universelle. Cette considération m'a fait adopter la seconde méthode ; l'élève pourra ainsi étudier l'histoire du monde dans son ensemble. La grande difficulté était de lier tous ces faits les uns aux autres et de donner, dans un espace relativement restreint, une idée générale de chaque nation, sans trop surcharger la mémoire de l'enfant.

Pour arriver à cette fin, j'ai dû négliger les détails secondaires et ne m'attacher qu'aux faits plus considérables. Je prie ceux qui seraient disposés à regarder cet ouvrage comme incomplet de ne pas oublier le but que je me suis proposé.

Cette histoire aura son utilité, soit qu'on la regarde comme le complément des études dans nos écoles élémentaires, soit qu'on la prenne comme le prélude d'études plus sérieuses : elle empêchera l'élève de se perdre au milieu du dédale que présentent à l'esprit les histoires ancienne, grecque. romaine. etc., apprises isolément.

# TABLE DES MATIÈRES.

—

FIN DE LA TABLE.

Paris. — Typographie Morris père et fils, rue Amelot, 64.

# PETITE

# HISTOIRE UNIVERSELLE

## CHAPITRE I

### TEMPS ANTÉDILUVIENS

**1.** Au commencement, Dieu créa le ciel et la terre ;
ancée dans l'espace sous la forme d'un globe de feu, celle-
ci fut longtemps à se refroidir, et des siècles entiers
s'écoulèrent avant qu'elle fût habitable. Peu à peu, les vapeurs émanées de ce refroidissement se condensèrent en
eau, et la couche supérieure de la terre se couvrit de limon. Dieu y mit les végétaux, achevant ainsi par degrés
la création. Les végétaux, implantés sur ce sol encore
tiède, poussèrent avec une telle vigueur, que la fougère
atteignait les dimensions d'un arbre.

**2.** Comme la croûte terrestre était encore relativement
très-mince, et que, la chaleur dilatant les gaz contenus
au centre du globe, ceux-ci tendaient à s'échapper, il en
résulta sur plusieurs points des soulèvements considérables, par suite desquels l'eau, subitement déplacée, entraîna dans sa course toute la végétation, qu'elle alla déposer dans les bas-fonds. Ces soulèvements ont formé les
montagnes, tandis que les végétaux, emportés confusé-
ment, se sont décomposés sous les eaux, se sont consu-
més par l'action de la chaleur terrestre et sont devenus
charbon de terre.

**3.** De même que les végétaux, les premiers animaux

---

**1.** Comment la terre fut-elle créée ?
Quelle était à l'origine la force de la végétation ?
**2.** Comment les montagnes se sont-elles formées ?
D'où provient le charbon de terre ?
**3.** Les animaux étaient-ils alors plus grands qu'aujourd'hui ?

placés sur la terre paraissent avoir eu, en général, de plus grandes proportions que les différentes espèces actuelles: l'éléphant, qui excite notre admiration par ses formes colossales, n'occupait alors que le deuxième rang. La grandeur de ces bêtes monstrueuses, dont plusieurs ont péri, enfouies sous les eaux, est attestée par les ossements qu'on en retrouve.

4. L'homme parut le dernier. Dieu, qui formait en lui le roi de la création, ne lui donna la vie que quand la terre était déjà peuplée d'animaux et ornée de plantes.

Le premier homme s'appelait Adam et la première femme, Ève. La vie de nos premiers parents atteignit une durée qui nous semble aujourd'hui extraordinaire. Ils n'étaient pas créés pour mourir : ce fut leur désobéissance à Dieu qui causa leur ruine. Ils furent chassés du Paradis terrestre et condamnés au travail et à la souffrance ; toutes les créatures, jusque-là dociles, se rebellèrent contre eux pour les punir, et leur vie, ainsi que celle de leurs descendants, s'écoula dans les larmes et les peines.

5. Ils eurent un grand nombre d'enfants; les deux aînés sont tristement célèbres : ils se nommaient Caïn et Abel. Dans un accès de jalousie, Caïn se jeta sur son frère et le tua; c'est ainsi que la première mort qui affligea l'humanité fut une mort violente. Caïn, maudit de Dieu et des hommes, s'enfuit dans les solitudes de ce monde encore nouveau, et devint le père d'un peuple nombreux et pervers. Il se forma deux sociétés distinctes: ceux qui, restés fidèles à Dieu, marchèrent dans la voie de la vertu, furent appelés enfants de Dieu; ceux au contraire qui vécurent d'une vie toute charnelle furent appelés enfants des hommes. La corruption se répandit avec rapidité parmi les enfants de Caïn, qui ne tardèrent pas à oublier Dieu, leur origine et leur destinée, pour se plonger dans la mollesse. L'autre partie du genre humain conserva plus longtemps ses mœurs et sa religion, et

4. Pourquoi l'homme fut-il créé le dernier ?
Comment s'appelaient nos premiers parents?
Quelles furent les suites de leur désobéissance à Dieu ?
5. Quelle fut la conduite de Caïn et de ses descendants?

produisit des personnages aussi remarquables par leur piété que par la longue carrière qu'ils eurent à parcourir : Seth, Énos, Malaleel, Hénoch et Mathusalem, celui des hommes à qui Dieu accorda la plus longue vie, ont laissé une mémoire honorable ; mais, par suite du commerce des enfants de Dieu avec les enfants des hommes, la dépravation finit par être générale.

**6.** Dieu se repentit d'avoir créé l'homme et se résigna à perdre, par un déluge, l'humanité entière, excepté une famille qui avait trouvé grâce devant ses yeux. Une pluie torrentielle, jointe au débordement de la mer, inonda le genre humain, et le souvenir en resta longtemps vivace dans la mémoire des peuples. Noé et ses trois enfants, Sem, Cham et Japhet, avaient seuls échappé à la destruction générale.

# CHAPITRE II

## DU DÉLUGE A LA MORT DE MOISE (3308-1605)

**7.** Le séjour des eaux sur la terre et le ravage qu'elles opérèrent avaient altéré les éléments ; aussi voyons-nous disparaître les grandes productions de la nature. La végétation n'est plus aussi rapide, les arbres sont moins élevés, les plus grands animaux n'existent plus ; l'air devient moins salubre, la nature moins féconde ; la vie humaine décroît et se trouve réduite aux proportions que nous lui connaissons aujourd'hui.

**8.** Les premiers hommes, établis dans la plaine de Sennaar, se multiplièrent tellement qu'il leur fut impos-

6. Comment le genre humain fut-il détruit ?
7. Quelles furent les conséquences du déluge ?
8. Qu'arriva-t-il à la tour de Babel ?

sible de demeurer tous ensemble. Avant de se disperser, ils voulurent établir à frais communs un monument destiné à éterniser leur mémoire, et élevèrent une tour d'une effroyable grandeur ; mais, dit l'Écriture, Dieu confondit leur langage, de sorte qu'il leur fut impossible de se faire entendre les uns des autres, et le feu du Ciel tomba sur l'édifice qu'ils avaient élevé au prix de tant de fatigues.

**9.** Les descendants de Noé allèrent alors peupler les différentes parties de la terre. Nemrod fonda Babylone au pied même de la fameuse tour sur laquelle avait éclaté la vengeance céleste ; son cousin Assur, fils de Sem, qu'il avait chassé, alla fonder plus au nord une ville rivale, à laquelle il donna le nom de Ninive.

Déjà la fureur des conquêtes s'était emparée de l'esprit humain. Nemrod, qui avait longtemps fait la chasse aux bêtes sauvages qui infestaient son royaume, tourna ses armes contre Ninive et la réunit à ses États.

**10.** Son fils Ninus marcha sur ses traces, fit pendant dix-sept années la guerre aux peuples voisins, et amassa de grandes richesses. Il ne continua pas d'habiter Babylone comme l'avait fait son père, et alla établir à Ninive le siége de son empire. Il y opéra de si grands changements, il l'embellit et l'agrandit d'une manière si remarquable qu'il peut être regardé comme le fondateur réel de cette grande ville. Elle avait, dit-on, vingt-quatre lieues de circonférence, et était entourée d'une ceinture de murailles hautes de trente-trois mètres et d'une épaisseur si considérable qu'on pouvait y conduire trois chars de front. De distance en distance se dressaient, le long des murailles, des tours qui avaient plus de soixante mètres d'élévation. Ninus voulait, dit un historien grec, ôter à ceux qui viendraient après lui l'espoir de bâtir jamais une ville aussi magnifique.

**11.** Après la mort de ce prince, son épouse Sémiramis,

---

9. Par qui furent fondées Babylone et Ninive?
Par qui Ninive fut-elle soumise?
10. Comment Ninus embellit-il Ninive?
11. Racontez ce que fit Sémiramis pour Babylone.

maîtresse du pouvoir, s'éleva autant au-dessus de lui qu'il s'était lui-même élevé au-dessus de Nemrod et d'Assur. Désirant, elle aussi, accomplir des travaux qui la signalassent à la mémoire de la postérité, elle entreprit de faire pour Babylone ce que Ninus avait fait pour Ninive. Elle l'environna de hautes et épaisses murailles, bâties de larges briques cimentées de bitume. Ces murailles étaient entourées d'eau. La ville formait un carré parfait sur chaque face duquel étaient vingt-cinq portes en airain massif, correspondant aux chaussées qui la sillonnaient. L'Euphrate, dont les deux rives étaient reliées par un pont gigantesque, divisait la cité et promenait paisiblement ses eaux entre deux quais tirés au cordeau et s'étendant, à perte de vue, d'une extrémité à l'autre.

On vit s'élever des palais et des temples où furent entassées des richesses fabuleuses. Au dire des historiens grecs, on coula en or massif des statues d'environ quinze mètres de hauteur, et le seul temple de Bel renfermait dans son enceinte des objets d'une valeur de plus de deux cents millions de francs.

Sémiramis ne se borna pas à embellir sa capitale ; son activité se déploya jusqu'aux extrémités de son empire ; elle creusa des canaux, bâtit des aqueducs pour amener l'eau dans les lieux qui en manquaient, perça des routes à travers les rochers et les marécages, en un mot, changea la face de toute la contrée.

Ces travaux immenses ne l'empêchaient pas de songer à la gloire des armes ; elle dompta les peuples éthiopiens, et fit quelques expéditions heureuses ; mais cette reine entreprenante ne sut pas mettre de bornes à son ambition ; tourmentée par l'ardeur des conquêtes, elle voulut assujettir les peuples de l'Orient et fut vaincue dans les Indes.

**12.** Son fils, Ninyas, se montra indigne de lui succéder ; il croupit dans la nonchalance et commença la série de ces princes fainéants qui, ne songeant qu'à leurs plaisirs, laissèrent tomber les forces de l'Empire et en

---

12. Ses successeurs se montrèrent-ils dignes d'elle ?

gaspillèrent les revenus. Sésostris, prince égyptien, en profita pour ravager leurs terres.

**13.** Au moment où l'empire assyrien s'affaissait par la faute de ses monarques, l'Égypte s'élevait, grâce à la fidélité avec laquelle toutes les classes de la société y observaient les lois. Elle était habitée par les enfants de Cham, qui s'étaient fixés dans ce pays lors de la dispersion des hommes et ne l'avaient pas quitté. Comme l'empire assyrien, l'Égypte se fait remarquer par ses vastes constructions et la grandeur de ses travaux. Elle paraît avoir moins visé à la perfection qu'à la durée et avoir mis toute son attention à ce que ses œuvres défiassent les efforts du temps. Mesraïm ouvre la longue série de ses rois, dont l'un, nommé Busiris, s'immortalisa par la fondation de Thèbes, une des villes qui ont joui du plus grand renom dans l'antiquité. Elle avait, dit-on, cent portes, par chacune desquelles on pouvait faire sortir deux cents chars armés en guerre. Elle était ornée d'obélisques et de statues d'une prodigieuse grandeur, et les ruines qui nous restent de cette ville causent encore, par leurs dimensions exceptionnelles, l'admiration des voyageurs qui parcourent, après tant de siècles, cette contrée autrefois si fertile et si peuplée.

Les successeurs de Busiris se distinguèrent également par leurs constructions, parmi lesquelles on aime à citer ces immenses bâtisses connues sous le nom de pyramides; mais quand on songe aux sommes fabuleuses que coûtaient ces monuments, au nombre infini d'ouvriers dont ils consumèrent la vie, on ne sait qu'admirer, ou de la persévérance des travailleurs, ou de l'orgueil extravagant des monarques qui ordonnaient de telles constructions.

**14.** Cependant, parmi ces travaux gigantesques, il en est qui furent entrepris dans un but d'utilité publique : tel est le lac que fit creuser Mœris pour contenir les eaux

---

13. Parlez-nous de l'Égypte et des travaux qui y furent exécutés.

Qu'entendez-vous par les pyramides ?

14. Quelle était l'utilité du lac Mœris ?

du Nil. L'Égypte a cela de particulier qu'il y pleut rare-
ment ; aussi cette contrée, célèbre par sa fertilité, n'au-
rait-elle été qu'un désert de sable, si la Providence ne
lui avait donné le Nil qui, chaque année, durant plusieurs
mois, gonflé par les pluies qui tombent en Éthiopie, se dé-
verse dans la campagne et la fertilise en déposant un
épais limon. On sent combien ces inondations devaient
être différentes selon que la sécheresse ou l'excès de
pluie se faisait sentir en Éthiopie ; il arrivait parfois que
le Nil noyait complétement le pays, tandis que, d'autres fois, il suffisait à peine à l'arroser. Mœris entreprit de remédier à cette irrégularité en creusant un lac
destiné à recevoir le surplus de l'inondation. Quand le
Nil débordait plus que de coutume, on ouvrait les écluses,
et l'eau du fleuve emplissait ce vaste réservoir ; quand,
au contraire, il faisait trop sec, on en tirait l'eau au
moyen d'une multitude de petits canaux.

**15.** Dès la plus haute antiquité, l'Égypte était divisée
en castes ou corporations distinctes : la caste royale s'occupait exclusivement de gouverner ; la caste sacerdo-
tale, d'offrir à la divinité l'encens et la prière ; la caste
militaire, de défendre le pays contre l'étranger ; la caste
agricole, de cultiver les champs. On ne pouvait changer
de caste : le soldat était toujours soldat, le laboureur toujours laboureur ; chacun suivait la condition de ses pères ;
si cette règle avait des inconvénients, elle avait du moins
l'avantage inappréciable d'assurer la stabilité dans le
royaume, en opposant une barrière aux ambitions déme-
surées. Chacune des castes était également honorée, également soumise aux lois. Les souverains, qui ailleurs ne
dépendent de personne, paraissent, en Égypte, avoir été
plus assujettis que le reste des hommes : chaque instant de
leur vie était compté ; tout, jusqu'à leurs moindres actions,
était réglé d'avance.

**16.** Les lois n'étaient pas nombreuses, mais elles étaient

---

15. Quelle était l'organisation intérieure de l'Égypte ?
16. Que savez-vous des lois égyptiennes ?
Dans quel esprit ces lois étaient-elles pratiquées ?

exactement pratiquées. La peine était calculée moins sur l'effet que sur l'intention. Le parjure était puni de mort comme le plus énorme des forfaits : on le considérait comme un sacrilége et un crime de lèse-société. La loi frappait de complicité quiconque refusait de porter secours à un homme attaqué par des assassins. La fausse accusation était punie à l'égal du crime reproché ; l'usure était défendue ; les attentats contre les mœurs étaient publiquement flétris, et, pour opposer une digue au vagabondage, la loi exigeait que tous les Égyptiens justifiassent chaque année de leurs moyens d'existence.

L'opinion où étaient les Égyptiens que leurs lois étaient les meilleures du monde les encourageait à les observer, et le jugement que chaque individu, depuis le roi jusqu'au dernier laboureur, subissait à sa mort, y ajoutait un poids considérable. On n'accordait les honneurs de la sépulture qu'à ceux dont la vie avait été sans reproche, et la crainte d'être inhumé sans pompe avait tant d'empire sur les esprits qu'il était rare de voir un Égyptien s'écarter de la justice. Ils se tenaient tous religieusement attachés aux coutumes de leurs ancêtres : toute innovation était un crime à leurs yeux. Les usages étaient consacrés par les croyances les plus élevées : l'Égyptien se regardait comme de passage ici-bas ; pour lui, la véritable vie ne commençait qu'à la mort. Cette conviction perçait dans son langage usuel : « *Voici notre hôtellerie,* » disait-il en montrant sa maison, et il donnait le nom de demeures aux tombeaux qui renfermaient les corps de ses pères.

**17.** Il n'est pas étonnant, après cela, que l'Égypte soit arrivée à une si haute prospérité, ni que cette prospérité ait duré si longtemps ; aussi l'empire assyrien était-il sur son déclin que l'Égypte brillait encore d'un éclat incomparable. Sésostris (1491), le plus grand de ses rois, se précipita sur la Babylonie comme sur une proie, ravagea toute

---

17. Quel roi égyptien porta la guerre en Asie ?
Que fit-il à son retour ?
De quelle écriture se servait-on avant Sésostris ?

l'Asie-Mineure et revint dans son pays chargé de butin.

Toutes ces richesses furent employées à embellir son royaume : il bâtit cent temples fameux en témoignage de ses victoires, éleva des chaussées dans les plaines inondées par le Nil, creusa des canaux d'irrigation et de transport, et fit de l'Égypte la contrée la plus florissante du monde entier. Ce fut sous son règne que l'on inventa les lettres alphabétiques; jusque-là on n'avait eu d'autre écriture que des hiéroglyphes grossiers, qui peignaient les objets plutôt que les mots. Ses successeurs n'héritèrent ni de son courage ni de son génie.

**18.** Parmi les peuples que gouvernaient alors ces princes puissants, se trouvait une tribu qui n'avait ni la langue ni les mœurs égyptiennes. Elle était composée des enfants du vieux Jacob, qui était venu s'établir en ce pays dans un moment de famine. Traitée favorablement tant que vécut le patriarche Joseph, cette petite tribu ne tarda pas à s'attirer la haine générale. Les rois, qui ignoraient les services rendus par Joseph durant la famine, la persécutaient à cause de sa religion, l'accablaient de corvées et de mauvais traitements. Enfin Dieu, touché de la patience de son peuple de prédilection, lui donna Moïse pour libérateur. Les Hébreux quittèrent l'Égypte sous sa conduite, passèrent la mer Rouge à pied sec, errèrent pendant quarante ans dans les solitudes de l'Arabie, reçurent au mont Sinaï la loi écrite par Dieu lui-même, et perdirent leur sage conducteur sur les frontières de la Terre promise.

---

18. Qu'étaient les Hébreux?
Par qui furent-ils délivrés?

# CHAPITRE III

## DE LA MORT DE MOISE A LA FONDATION DE ROME
## (1605-754.)

**19.** Bien que Moïse n'ait pas eu la consolation d'introduire les Hébreux dans la Terre promise et que cet honneur ait été réservé à Josué, il fut cependant l'unique législateur de ce peuple. Les lois qu'il établit sont les plus parfaites de toutes les législations de l'époque. Elles réglaient le culte dû au Seigneur et décrétaient la peine de mort contre quiconque l'enfreignait sans motif grave. Les Anciens étaient les conseillers et les juges de la nation; ils rendaient la justice aux portes des villes. L'union la plus étroite était recommandée aux familles, et, si quelqu'une d'elles, réduite à l'indigence, était obligée d'emprunter de l'argent, le prêt se faisait sans intérêt. Les pauvres et les étrangers devaient être traités avec douceur; on leur abandonnait le glanage et tout ce que la faux, la serpe ou le bâton avaient épargné. « *Quand vous moissonnerez les blés*, est-il dit dans la loi, *vous ne les couperez point jusqu'à la surface de la terre et vous ne ramasserez point les épis oubliés, mais vous les laisserez aux pauvres. La septième année, la terre se reposera. Vous ne moissonnerez point: ce qu'elle produira d'elle-même sera la récolte du pauvre et du mercenaire.* »

La terre n'était pas vendue pour toujours; après une certaine période, elle rentrait au pouvoir de ses premiers possesseurs. Toutes ces précautions du législateur tendaient à maintenir l'aisance dans les familles, et elles firent en effet le bonheur de la Judée.

**20.** Cette nation grandit rapidement, et, sous les règnes de David et de Salomon, elle lutta de luxe et de prospérité avec les premières du monde. On vint des pays éloi-

---

19. Quelles furent les principales lois de Moïse ?
20. Quels furent les rois les plus illustres de la Judée?

gnés visiter Jérusalem ; l'Égypte, abaissant son orgueil national, ne dédaigna pas de donner à Salomon une de ses princesses pour femme. Les flottes de ce roi puissant allaient chercher à l'étranger des tissus précieux, des bois odoriférants, de l'ivoire, de l'argent, de riches métaux. Il éleva au vrai Dieu, dans Jérusalem, le plus beau temple qui ait jamais existé. Mais, après lui (962), son royaume se divisa entre Roboam et Jéroboam, et la Judée entra dans une période de décadence.

**21.** Pendant que l'Assyrie, l'Égypte et la Judée se montraient tour à tour florissantes, le reste de la terre se peuplait insensiblement. Une partie de ceux qui se dispersèrent après l'événement de la tour de Babel remonta à l'est, traversa les contrées montagneuses du centre de l'Asie, et alla fonder, à l'extrémité du continent, un puissant empire, qui devint l'empire chinois ; d'autres, suivant le littoral occidental, jetèrent les fondements de Tyr et de la puissance phénicienne, tandis que d'autres bandes, après avoir peuplé l'Asie-Mineure et traversé le Bosphore, occupaient le midi de l'Europe.

**22.** Ces peuplades à moitié barbares ne pouvaient demeurer longtemps en paix : elles étaient perpétuellement en lutte les unes contre les autres. La plus grande guerre qui survint à cette époque reculée fut celle de Troie, où les provinces grecques combattirent pendant dix ans. Elle se termina par la prise et l'incendie de la ville (vers 1270). Le vieux roi Priam et tous ses enfants furent massacrés, à la réserve de deux ou trois qui furent emmenés captifs. Cette guerre eut pour avantage d'unir les Grecs et de donner aux diverses peuplades qui habitaient la Péninsule hellénique un esprit de nationalité qui fit marcher la civilisation à grands pas dans leur pays.

**23.** Au moment où la Grèce commençait à s'élever,

21. Comment le reste de la terre se peupla-t-il ?

22. Qu'est-ce que la guerre de Troie ?—Quelles en furent les conséquences ?

23. Sous quel prince l'empire assyrien fut-il détruit ?
Racontez la mort de Sardanapale.
Comment l'empire assyrien fut-il divisé ?

l'empire assyrien s'effondra tout d'un coup comme une bâtisse rongée par le temps. Le trône était alors occupé par un prince indigne, nommé Sardanapale. Fier du succès de ses aïeux et de la grandeur de ses États, ce prince, qui ne songeait qu'à manger et à se divertir, passait toute sa vie enfermé dans son palais, au milieu d'une troupe de femmes dont il avait pris l'habit et les mœurs. Il avait même composé pour lui cette épitaphe honteuse :

> « *Tout ce que j'ai mangé, bu, dépensé de bien*
> *Ici gît avec moi : tout le reste n'est rien.* »

Un de ses généraux l'ayant surpris habillé en femme et tenant une quenouille entre les mains, en fut tellement outré qu'il proposa à plusieurs de ses collègues de lever l'étendard de la révolte et de renverser un prince aussi dégradé. Au premier bruit de la rébellion, le roi se cacha dans les profondeurs de son palais; mais, poussé par les exhortations de ses femmes, il se mit à la tête des troupes demeurées fidèles. Comme les généraux n'avaient pas encore eu le temps de masser leurs forces, il remporta d'abord plusieurs victoires ; mais il finit par être vaincu. Fatigué et découragé, il s'enferma dans Ninive, persuadé que les rebelles ne pourraient forcer une ville si bien protégée. Un accident leur en ouvrit les portes : le Tigre déborda furieusement, et abattit un pan de muraille. Sardanapale se décida à ne pas survivre à son malheur ; il amassa les objets les plus précieux qu'il possédait, en fit un bûcher, y mit le feu et s'y brûla avec ses serviteurs, ses femmes et tous ses trésors (759).

Après sa mort, on lui érigea une statue où il était représenté dans l'attitude d'un danseur, avec cette inscription :

> « *Mange, bois, divertis-toi bien :*
> *Tout le reste n'est rien.* »

Son empire fut divisé en trois royaumes : celui des Assyriens de Babylone fut donné au général Bélésis ; celui des Mèdes, à Arbace, l'auteur principal de la chute de Sardanapale; celui des Assyriens de Ninive, à Théglathphalasar.

## CHAPITRE IV

### DE LA FONDATION DE ROME AU RETOUR DE LA CAPTIVITÉ DE BABYLONE (754-536.)

**24.** L'Italie, quoique habitée depuis assez longtemps, ne comptait pourtant pas un seul royaume proprement dit; elle n'était peuplée que de petites tribus vivant disséminées sur son territoire et n'ayant que peu de relations ensemble. Les personnages à qui l'on donnait le titre de rois n'étaient que de modestes chefs de peuplades. Ce fut l'an 754 avant Jésus-Christ que Romulus, en fondant la ville de Rome, posa les assises de cette grande puissance qui, au bout de quelques siècles, devait atteindre les limites du monde connu. La première population de Rome n'était ni riche ni puissante; c'était un ramas de pâtres et d'aventuriers qui furent contraints d'enlever les femmes de leurs voisins pour pouvoir subsister.

Romulus avait fondé la ville; son successeur Numa lui donna des lois, régla les cérémonies religieuses, organisa le collége des pontifes, distribua les terres, fit fleurir l'agriculture et établit la royauté élective. Pour imposer plus facilement à l'humeur remuante de ses sujets, il feignit d'avoir reçu du Ciel, par l'entremise de la nymphe Égérie, les règlements qu'il établissait. Ses successeurs suivirent religieusement la marche que ce sage législateur

24. En quelle année la ville de Rome fut-elle fondée?
Qui donna des lois à Rome?

avait tracée. Le pouvoir électif était partagé entre le sénat et le peuple.

**25.** Pendant que l'Occident se constituait en nations, l'Orient marchait de révolution en révolution. Theglath-phalasar ruinait le royaume syrien de Damas et s'emparait de la Galilée. Son successeur, Salmanasar, quelques années après, détruisait le royaume d'Israël, s'emparait de Samarie, et emmenait le peuple avec son roi en captivité (718). Sennachérib, après lui, poussait son armée victorieuse sur l'Égypte et saccageait tout sur son passage. C'en était fait de Jérusalem, si l'ange exterminateur n'avait, en une seule nuit, fait périr cent quatre-vingt-cinq mille hommes de l'armée ennemie. Irrité de cet insuccès, Sennachérib devint si furieux, que ses deux fils aînés furent contraints de le poignarder pour sauver leurs jours.

**26.** La rivale de Ninive, Babylone, gouvernée par des princes sans courage, n'avait rien enduré de toutes ces misères; mais elle avait perdu tout son prestige, et les troubles, mal comprimés, y devenaient plus nombreux. Le successeur de Sennachérib, Asarhaddon, profita de cette confusion intestine pour unir Babylone à Ninive et rendre à l'empire assyrien son ancienne grandeur; après y avoir réussi au delà de ses espérances, il acheva la dispersion et la ruine du royaume d'Israël. Son fils et successeur, Saosduchin, plus connu sous le nom de Nabuchodonosor Ier, continua ses conquêtes et s'empara de la capitale des Mèdes; son général, Holopherne, moins heureux, échoua devant Béthulie par l'héroïsme de Judith.

**27.** L'heure de la justice divine était arrivée pour Ninive. Depuis longtemps Dieu avait fait retentir ses menaces par la voix de ses prophètes : « Ville de sang, disaient-ils, qui ne te repais que de rapine et de brigandage, celui qui doit renverser tes murailles approche. Le Seigneur va venger l'injure faite à Jacob et à Israël. J'en-

---

25. Quels changements se produisirent alors en Orient?

26. Comment l'empire assyrien fut-il reconstitué?

27. Quelles étaient les menaces des prophètes contre Ninive? Comment furent-elles réalisées?

tends déjà les fouets qui retentissent au loin, les roues qui se précipitent avec un bruit horrible, les chevaux qui hennissent, les chariots qui courent comme la tempête, et la cavalerie qui s'élance à toute bride. Je vois les épées qui brillent, les lances qui étincellent. Le bouclier des braves jette des flammes; les yeux des soldats brillent comme des lampes, et leur course est prompte comme l'éclair, car le Seigneur est un Dieu jaloux, un Dieu vengeur... Pillez, pillez l'argent et l'or : c'en est fait, Ninive est détruite; elle est tombée, elle est déchirée : elle sera la demeure des bêtes sauvages et des oiseaux de nuit. »

Cette terrible prédiction s'accomplit à la lettre. Sous le règne de Saracus, successeur immédiat de Nabuchodonosor I<sup>er</sup>, Nabopolassar, général des armées assyriennes, irrité de voir dans son roi un autre Sardanapale, s'unit à Cyaxare, roi des Mèdes, pour renverser le monarque. Ninive fut prise et rasée (626); le feu en consuma les édifices, et cette cité magnifique disparut si complétement qu'il fallut fouiller à de grandes profondeurs pour en retrouver les débris. Un monticule hérissé d'herbes dures indique la place des palais ; de petites vallées, celles des rues ; le vent du désert a chassé devant lui des colonnes de sable et recouvert entièrement les derniers vestiges de cette grande ville.

**28.** A partir de cette époque, Babylone fut la seule capitale de l'empire assyrien. Ce succès alarma Néchao, roi d'Égypte, lequel, sans donner à Nabopolassar le temps de se fortifier, leva une armée et se mit en marche vers l'Assyrie. Sur son passage, il devait traverser le royaume de Juda; Josias, le voyant entrer sur ses terres sans sa permission, et craignant la vengeance du roi de Babylone s'il restait inactif, lui présenta la bataille; il fut vaincu à Mageddo et blessé à mort. Néchao poursuivit sa marche et infligea une grande défaite aux Assyriens; tout cédait de-

---

28. Racontez les exploits et la défaite de la Néchao.

Par quel prince Jérusalem fut-elle prise et le peuple juif emmené captif?

Dans quelles contrées Nabuchodonosor II porta-t-il la guerre après la prise de Jérusalem?

vant le conquérant égyptien. Au retour de son expédition, il nomma lui-même Joachim roi de Juda, à la place de Joachas que les Juifs avaient élevé au trône, et frappa leur royaume d'un lourd tribut, en sorte que la Judée parut être la vassale de l'Égypte.

Les Babyloniens, toutefois, n'étaient pas d'humeur à souffrir l'affront qu'on leur avait fait. Nabopolassar, que ses infirmités retenaient à Babylone, s'associa son fils Nabuchodonosor, et le chargea d'aller attaquer Néchao, pour relever l'honneur de l'empire assyrien. Néchao fut vaincu, et Jérusalem forcée de se rendre.

Cependant, il n'entrait pas dans les desseins de Nabuchodonosor de détruire la ville : il se contenta de la piller et d'en emmener les principaux habitants en captivité. Cette malheureuse cité n'avait qu'à rester paisible pour éviter le sort que lui prédisaient ses prophètes; il n'en fut rien. Ses princes, cédant à des conseils insensés, se révoltèrent successivement quatre fois, et furent toujours vaincus; à la quatrième insurrection, le temple fut pillé et brûlé, la ville détruite et tout le peuple emmené en captivité. (606-597 ans avant J.-C.)

Nabuchodonosor II porta ensuite ses pas vers Tyr, dont le siége fut long et coûta des fatigues excessives. Après s'être emparé de cette ville, il fit tomber sur l'Égypte le poids de sa vengeance. Il la ravagea dans toute son étendue, tua un grand nombre d'habitants, et réduisit le pays dans une si grande désolation qu'il lui fallut un demi siècle pour réparer ce désastre.

**29.** Il semblait que Babylone, élevée par tant de conquêtes, fût désormais inattaquable; elle avait foulé aux pieds les autres nations, et aucune n'osait lever la tête. Le coup qui devait la renverser partit d'un tout petit peuple, qui jusque-là n'avait encore fait aucune figure dans l'histoire. Dans une contrée à peine connue, grandissait un enfant que Dieu avait doué des plus grandes qualités : on

---

29. Sur quels peuples Nériglissor et Crésus régnaient-ils? Quel fut le sort de ces deux monarques?

A quelle circonstance Crésus dut-il la vie?

le nommait Cyrus. Il était neveu de Cyaxare, roi des Mèdes, et petit-fils d'Astyage, roi des Perses.

Cette parenté causa quelque ombrage aux Lydiens et aux Assyriens, qui voulurent arrêter par la guerre la puissance naissante de leurs voisins. Crésus, fameux par ses richesses, commandait les premiers. Nériglissor, roi de Babylone, commandait également ses soldats en personne. A la première attaque, le roi de Babylone tomba mortellement blessé, et Crésus, effrayé du carnage qui se faisait de toutes parts, s'enfuit dans ses États. Là, il leva une armée plus nombreuse que la première et se disposa à la lutte. Sans attendre que le roi de Lydie vînt l'attaquer, Cyrus porta lui-même la guerre dans ce pays, et vainquit son adversaire à la sanglante bataille de Thymbrée ; le lendemain, il s'empara de la personne du roi, qui s'était réfugié dans les murs de Sardes.

Crésus fut condamné à être brûlé vif. Comme on conduisait ce malheureux prince au bûcher, on l'entendit s'écrier plusieurs fois : « *Solon, Solon !* » Cette exclamation se rapportait à un fait déjà ancien. Un jour, Crésus avait montré ses richesses à Solon et lui avait demandé s'il connaissait un homme heureux sur la terre. Solon lui en cita plusieurs qui avaient mené une vie toute commune. « *Et moi ?* » demanda Crésus. « *Sire*, répondit le philosophe, *attendez l'heure de votre mort avant de vous dire heureux.* » Ces paroles produisirent une telle impression sur Cyrus qu'il fit grâce de la vie au monarque vaincu.

**30.** Après ces victoires éclatantes, Cyrus tourna ses armes contre Babylone, qui, la première, avait donné le signal des hostilités. Cette ville était abondamment pourvue de vivres et la mieux fortifiée du monde ; les défenseurs en étaient nombreux et aguerris ; aussi ne se mirent-ils que médiocrement en peine de répondre aux tentatives des assiégeants. Cyrus, voyant l'inutilité d'une attaque de vive force, entreprit de détourner l'Euphrate par un canal creusé dans la campagne.

---

30. Racontez la prise de Babylone.
Quelle fut la conduite de Balthasar et comment mourut-il ?

Balthasar, roi de Babylone, se riait des efforts de ses ennemis. Une nuit qu'il était plongé dans la débauche à l'occasion d'une grande fête, il se fit apporter les vases sacrés enlevés au pillage du temple de Jérusalem et les profana de la manière la plus honteuse, en y buvant et en y faisant boire ses compagnons d'orgie comme dans des vases ordinaires. Une main invisible écrivit à l'instant même une sentence menaçante sur les murs de l'appartement; et la nuit n'était pas achevée qu'un grand bruit retentit au dehors : c'était l'armée de Cyrus qui, suivant le lit desséché de l'Euphrate, débouchait dans la ville. Balthasar fut tué dans son palais par une juste punition de Dieu. Quelque temps après, Cyrus épousa la fille du roi des Mèdes, son oncle, et réunit ainsi la Médie à la Perse sans effusion de sang.

31. Parmi les captifs amenés de Judée en Assyrie, se trouvait le prophète Daniel, qui avait dévoilé plusieurs fois les secrets divins aux princes de la Chaldée, expliqué les songes de Nabuchodonosor, annoncé la mort de Balthasar et dont le crédit augmenta encore auprès de Cyrus : ce prince fut si flatté de voir son nom et ses exploits annoncés, depuis deux siècles, dans les prophéties d'Isaïe, qu'il lança un édit permettant aux Juifs de retourner à Jérusalem ; il leur fit même remettre tous les vases d'or que Nabuchodonosor avait emportés du pillage du temple.

---

31. Comment Cyrus se conduisit-il à l'égard des Juifs ?

# CHAPITRE V

## DU RÉTABLISSEMENT DES JUIFS A LA MORT D'ALEXANDRE-LE-GRAND (536-323.)

**32.** Le fils de Cyrus, Cambyse, fut loin d'imiter la sagesse de son père ; il se jeta sur l'Éthiopie comme un furieux, et son armée eut tant à souffrir qu'elle fut réduite à se nourrir de chair humaine. Il ravagea le pays, pilla les temples, brûla ce qu'il ne put emporter, et se rendit fameux par ses excès. Il avait épousé Méroé, sa propre sœur, comme le permettaient les lois persanes ; il eut la brutalité de la tuer dans un accès de furie.

Darius, son arrière-successeur, aurait eu toutes les qualités d'un grand souverain, s'il avait su mettre un frein à son ambition. Il passa la plus grande partie de son règne à faire la guerre. Babylone ne pouvait tolérer le joug des princes étrangers qui la gouvernaient ; le mécontentement y devint bientôt général et ne tarda pas à amener la révolte. Pour tenir plus longtemps contre un siége rigoureux et n'être pas obligés de se rendre par suite de famine, les Babyloniens prirent le parti extrême de massacrer les bouches inutiles ; ils purent de cette façon soutenir un siége de dix-huit mois, et ils auraient fatigué l'armée persane, s'ils n'avaient donné le commandement général à un transfuge nommé Zopire, qui s'était coupé le nez et les oreilles pour mieux les toucher, en se posant en victime de la cruauté de Darius.

**33.** Bientôt après, sans autre but que celui de faire des

---

32. Quel fut le fils de Cyrus ? — Sa conduite fut-elle digne d'éloges ?

Racontez les guerres de Darius contre Babylone.

33. Racontez sa guerre contre les Scythes.

Quelle fut la conduite des Scythes ?

conquêtes, Darius déclara la guerre à la nation des Scythes, qui habitaient les vastes plaines situées entre le Danube et le Don. Ceux-ci, au lieu d'accepter le combat, bouchèrent les puits, consumèrent les vivres et les fourrages, se retirèrent plus à l'occident à mesure que l'armée persane avançait, et laissèrent ainsi à la faim et à la soif le soin d'exterminer l'ennemi.

Ces peuples nomades, vivant sous la tente et paissant les troupeaux, ne perdaient rien à agir de la sorte, puisqu'ils n'avaient ni villes, ni bourgades à défendre. A la fin, quand ils virent les Perses réduits à l'extrémité, ils leur envoyèrent un héraut avec un oiseau, une souris, une grenouille et cinq flèches, sans autre explication. Darius s'imagina que les Scythes lui offraient la terre et l'eau, c'est-à-dire leur soumission figurée par la souris et la grenouille. « *Gardez-vous de le croire*, lui dit un officier, *et sachez que si vous ne vous envolez dans l'air comme l'oiseau, si vous ne vous cachez dans la terre comme la souris, si vous ne vous enfoncez dans l'eau comme la grenouille, vous n'échapperez point aux flèches de Scythes.*» Il en fit l'expérience et ne ramena en Asie que les débris de son armée; il eut néanmoins la prévoyance, malgré cet échec considérable, de laisser une forte garnison en Thrace, pour conquérir le pays circonvoisin.

**34.** Dix ans après, il leva une armée formidable, et l'envoya conquérir la Grèce, à cause de la part que les Athéniens venaient de prendre à l'incendie de Sardes.

La Grèce, occupée jusque-là de mesquines querelles de prééminence, oublia ses haines particulières en face du danger général. Elle possédait alors trois hommes de génie, qui luttèrent avec courage contre les envahisseurs; c'étaient: Miltiade, capitaine expérimenté; Aristide, conseiller toujours fidèle, et qui mérita le surnom de juste; Thémistocle, homme des plus entreprenants. Le premier engagea avec les Perses, dix fois plus nombreux, une lutte terrible

---

34. Contre quel peuple Darius fit-il encore la guerre ?

Nommez les trois principaux citoyens que la Grèce possédait alors.

Quel fut le successeur de Darius?

et parvint à les terrasser à la bataille de Marathon (490). Ce glorieux coup d'essai enhardit les Grecs, qui, prévoyant que le roi de Perse essaierait de prendre une revanche, se préparèrent activement, et donnèrent à Thémistocle la charge d'équiper une flotte qui pût aider l'armée de terre dans sa résistance.

Darius expira cinq ans après (485), laissant à son fils Xerxès, la double tâche de punir les Égyptiens de leur révolte et les Athéniens de leur victoire.

**35.** Xerxès vint facilement à bout de châtier l'Égypte; mais ce fut tout autre chose que de vaincre la Grèce. Il assembla une armée, la plus forte qu'on ait encore vue, et fit jeter un pont de bateaux sur l'Hellespont; une tempête enleva l'ouvrage avant qu'il ne fût terminé. Le roi, irrité, se laissa aller à un acte d'orgueilleuse folie : il fit donner trois cents coups de fouet à la mer pour la châtier de sa rébellion, et, ayant appris que le mont Athos, qu'il voulait faire percer, offrait des blocs d'une dureté extrême, il lui envoya la lettre suivante : « *Superbe Athos, qui portes la tête jusqu'au ciel, ne sois pas si hardi que d'opposer à mes travailleurs des pierres et des rochers qu'ils ne puissent couper; sinon, je te couperai moi-même en entier, et te précipiterai dans la mer.*»

Quand son armée fut débarquée, trois cents Spartiates, sous la conduite de leur roi, entreprirent de lui barrer le passage au défilé des Thermopyles. Ce défilé était si étroit qu'il était impossible d'y combattre à plus de quinze de front, de sorte que, sans la trahison d'un paysan grec qui indiqua aux Perses un sentier détourné dans la montagne, leur armée, à laquelle le nombre ne donnait aucun avantage, n'aurait jamais pénétré au centre de la Grèce.

Léonidas et ses compagnons se défendirent avec la dernière intrépidité, tuèrent vingt mille Perses et périrent

---

35. Citez deux traits de l'extravagance de Xerxès.
Que se passa-t-il aux Thermopyles?
Quelle fut l'issue de cette grande invasion?
En quel endroit et par qui la flotte persane fut-elle détruite?
Qu'entendez-vous par siècle de Périclès?

tous, à l'exception d'un seul. On plaça sur la tombe de ces vaillants guerriers cette inscription énergique : « *Passant, va dire à Sparte que nous sommes morts ici pour obéir à ses lois.* »

Le défilé franchi, Xerxès se mit à ravager la Grèce ; mais ses succès ne furent pas de longue durée; bientôt, en effet, la flotte persane fut complétement battue à Salamine, grâce à l'habileté de Thémistocle. Xerxès s'enfuit et regagna l'Asie sur une barque de pêcheur. Peut-être son général Mardonius eût-il pu encore rétablir les affaires; mais il succomba à la bataille de Platée, après s'être vaillamment défendu, et sa mort entraîna la ruine de toute l'armée, en même temps qne les restes de la flotte du grand roi étaient détruits près de Mycale (469).

Après ces succès, les Grecs transportèrent la guerre en Asie, et Cimon, fils de Miltiade, força le successeur de Xerxès à reconnaître par un traité l'indépendance des colonies grecques (449).

La Grèce, tranquille de ce côté, commença à respirer, et Athènes, se relevant de ses ruines, acquit, sous Périclès, un degré de civilisation tellement avancé que le cinquième siècle avant Jésus-Christ a été appelé le siècle de Périclès.

**36.** Rome, plus paisible à l'extérieur, voyait son gouvernement changer et passer, par la faute de Tarquin-le-Superbe, de la monarchie à la république. Ce changement se fit sans tumulte; les bases sur lesquelles reposait l'ancienne société romaine étaient si fortes, les institutions si bien appropriées au génie national, que le gouvernement n'était qu'une forme passagère, recouvrant un fond toujours le même. Cependant on peut dire que le système républicain fut avantageux pour Rome, parce qu'il laissa le soin de la patrie à l'initiative privée des consuls, dont chacun essaya de surpasser ses prédécesseurs dans la voie du bien.

Les Tarquins, déchus du trône, tentèrent d'y remonter par force ; la bravoure d'Horatius Coclès, qui défendit

------

36. Quelle fut la forme du gouvernement de Rome, après l'expulsion des Tarquins ?

seul un pont contre les Étrusques, leurs alliés, et la victoire du consul Posthumius anéantirent leurs espérances. Après l'expulsion des Tarquins, Rome prit de plus en plus ce génie militaire qui devait la rendre maîtresse du monde entier.

**37.** Ce fut son bonheur de posséder à sa tête des consuls belliqueux; car elle ne tarda pas à avoir à repousser des ennemis plus dangereux que les Perses. Les Gaulois, peuple rude et grossier qui habitait, au delà des Alpes, le territoire renfermé entre les Pyrénées, le Rhin et l'Océan, firent une incursion en Italie et se mesurèrent avec les milices romaines à la bataille de l'Allia. Le nombre, la taille, l'aspect dur et sauvage des envahisseurs, leurs hurlements firent une telle impression sur les Romains qu'ils s'enfuirent en désordre, abandonnèrent leur ville et se réfugièrent dans les cités voisines. Les Gaulois se précipitèrent sur Rome et la livrèrent aux flammes.

La jeunesse romaine, retirée au Capitole, ne voulait pas se rendre, et le lieu était si escarpé et si bien défendu qu'il était impossible de le prendre de vive force. Les Gaulois découvrirent par hasard un passage secret, et, à la faveur d'une obscurité complète, ils se seraient emparés de la forteresse, sans être entendus ni des sentinelles ni même des chiens, si des oies qu'on avait conservées dans la cour du Capitole n'avaient donné l'alarme.

L'attaque était manquée; mais ce n'était ni un échec ni un revers, et les Gaulois paraissaient disposés à ne pas quitter Rome ; il fallut acheter leur retraite à prix d'or. Déjà le chef gaulois, Brennus, jetait son épée dans la balance pour augmenter la rançon, et s'écriait : «*Væ victis (malheur aux vaincus)* », quand le dictateur Camille, arrivant d'exil, dispersa les envahisseurs, après leur avoir fait subir une sanglante défaite (389). En récompense de sa belle conduite, ce grand homme fut nommé le Père de la patrie, second fondateur de Rome. Il se montra digne

---

**37.** D'où venaient les Gaulois qui firent irruption en Italie ?
Par qui le Capitole fut-il défendu ?
Quelle était la situation de Rome à l'arrivée de Camille?

de ces titres glorieux en culbutant, neuf ans après, les Volsques et les Prénestins qui menaçaient Rome, et en refoulant plusieurs autres invasions des Gaulois, dont il paraissait être le fléau.

**38.** L'île de Sicile, contiguë à l'Italie, était également troublée par des guerres perpétuelles. Les Carthaginois, peuple commerçant des côtes d'Afrique, y possédaient plusieurs villes, et la lutte y était, pour ainsi dire, permanente : ce n'étaient que massacres répondant à d'autres massacres ; la peste même, qui ravagea à deux reprises différentes les armées, put à peine amener quelque répit. Denys l'Ancien, tyran de Syracuse, et Hamilcon, général carthaginois, se firent tous deux une réputation par leur ténacité et les affreuses représailles qu'ils exercèrent.

**39.** Toutes ces petites guerres intestines qui travaillaient la Grèce et l'Italie n'étaient rien en comparaison du grand changement qui était à la veille de s'opérer. Philippe II était monté sur le trône de Macédoine (360); ce prince, âgé de vingt-trois ans, nourrissait déjà de vastes projets, que l'affaiblissement d'Athènes, de Sparte et de Thèbes lui permettait de réaliser. Depuis la mort d'Épaminondas, le plus grand homme peut-être que la Grèce ait produit, aucun ne s'était élevé au-dessus du niveau ordinaire, et les esprits, dégoûtés de la lutte, s'étaient tournés de préférence vers la philosophie, qui fut illustrée par Socrate, Platon et Aristote.

Philippe se proposa de subjuguer la Grèce par tous les moyens possibles. A l'expérience des choses de la guerre et à une grande bravoure personnelle, ce prince joignait un esprit fin et rusé. Dès les premiers jours, il sema la discorde entre les villes grecques, et parvint à prendre une part active dans les affaires d'Athènes et dans la *Guerre Sacrée*, qui avait éclaté entre les Thébains et les Phocéens. Il achetait la voix des orateurs et payait les capitaines : *« aucune forteresse n'est imprenable du moment où un*

---

38. Quelle peuple faisait la guerre en Sicile?
39. Quels étaient les desseins de Philippe II, roi de Macédoine?

*mulet chargé d'argent peut y monter* », avait-il coutume de dire. La bataille de Chéronée lui assura la soumission des Grecs, dont il se fit nommer généralissime ; mais, au moment où il préparait une expédition contre les Perses, il mourut assassiné par Pausanias, capitaine de ses gardes (336).

**40.** Son fils et successeur, Alexandre, marcha sur ses traces. Il commença par établir son ascendant sur les villes de la Grèce, et traita Thèbes avec une telle sévérité qu'il ne rencontra plus aucun obstacle à ses desseins et put donner tous ses soins à la campagne que son père avait méditée contre les Perses. La bataille du Granique, où il terrasse l'armée persane, lui ouvre les portes de l'Asie ; il s'empare successivement de Sardes, de Milet, d'Halicarnasse, d'Aspende, et remporte sur Darius Codoman la célèbre bataille d'Issus. Cent mille ennemis couchés sur le champ de bataille, la mère, la femme, les deux filles, le fils et les trésors du roi de Perse aux mains du vainqueur sont le résultat de cette mémorable journée.

Tout paraissait devoir fléchir devant le héros macédonien ; Tyr seule osa lui résister. Alexandre entreprit de relier l'île au continent par une large digue ; mais à mesure que le travail avançait, les flots et les Tyriens le démolissaient à l'envi. Ce fut seulement après sept mois employés à ce pénible labeur, que la ville put être prise. Le vainqueur, furieux, la rasa, et les habitants furent vendus comme esclaves ou passés au fil de l'épée.

De Tyr, Alexandre marcha contre Jérusalem ; il voulait châtier cette ville à cause de sa fidélité constante aux rois de Perse ; mais, au lieu de traiter la Ville Sainte comme les autres, il la combla de priviléges et de bienfaits, tant la majesté du grand prêtre et du culte divin avait fait impression sur son esprit.

La conquête de l'Égypte ne souffrit aucune difficulté, à part celle de traverser des déserts brûlants où les vivres

---

40. Racontez la vie d'Alexandre jusqu'à la bataille d'Arbelles.
En quelle année fut livrée la bataille d'Arbelles ?
Que devint ensuite l'empire des Perses ?

et l'eau étaient d'une rareté extrême : elle n'eut d'autre avantage que celui de satisfaire le jeune guerrier; son absence eut même l'inconvénient de permettre au roi de Perse de rassembler une armée et de reprendre la lutte. La bataille d'Arbelles, livrée le 1ᵉʳ octobre 331, bataille dans laquelle les Perses perdirent environ trois cent mille hommes, rendit Alexandre maître de l'Asie. Babylone, Suse et Persépolis tombèrent successivement en son pouvoir. L'infortuné Darius, fugitif au sein de ses États, fut assassiné par un des siens. Avec lui finit l'empire des Perses, lequel avait duré deux cent six ans depuis Cyrus.

**41.** Tout autre qu'Alexandre se fût tenu pour satisfait; le héros macédonien n'en devint que plus ambitieux. Il soumet successivement les peuples qui habitent les régions montagneuses de la mer Caspienne, traverse l'Asie, marquant son passage par la destruction ou la fondation de plusieurs villes, défait en deux rencontres les Scythes d'Asie et va, derrière l'Indus, attaquer Porus dans son lointain royaume. Dieu sait où il serait allé, si son armée, fatiguée de luttes journalières et sans profit, ne s'était mutinée.

Son retour fut un combat continuel contre les Malliens et les Oxydraques, et ses soldats harassés périrent en grand nombre dans les déserts de la Gédrosie. Alexandre songeait à organiser son immense empire, quand il mourut à Babylone, le 21 avril 323, à l'âge de trente-deux ans et huit mois.

---

41. Quelles furent les victoires d'Alexandre après celle d'Arbelles?

Où mourut-il?

# CHAPITRE VI

## DE LA MORT D'ALEXANDRE A L'ASSERVISSEMENT DE LA GRÈCE (323-146.)

**42**. L'empire créé par Alexandre ne lui survécut pas ; ses généraux se le partagèrent et essayèrent ensuite de se ravir les uns aux autres, par la force des armes, la part qu'ils en avaient eue. L'Europe et l'Asie furent témoins de ces luttes acharnées, et, parmi tant de grands capitaines, il n'y eut guère que Ptolémée qui se conduisit en homme sage et modéré. Au lieu d'essayer d'enlever aux autres leur part d'héritage, il mit tous ses soins à faire fleurir l'Égypte, qui lui était confiée ; s'il tira l'épée, ce fut pour se défendre contre les empiétements d'Antigone et de son fils Démétrius, ou pour avoir en Syrie le bois nécessaire à l'équipement de sa flotte. Vainqueur à Gaza, vaincu dans une guerre maritime près de Cypre, il soutint avec énergie ceux qui imploraient son secours, et les Rhodiens, qu'il avait défendus contre Démétrius, lui donnèrent le nom de *Soter* ou sauveur que l'histoire lui a conservé.

Le temps que la guerre n'absorbait pas, il l'employait au bien de son peuple ; il favorisa le commerce, encouragea la navigation, se montra le protecteur des beaux-arts, créa une académie, une bibliothèque, la plus riche de l'antiquité, et fit briller en Égypte une civilisation qu'on ne lui connaissait plus.

Son fils, Ptolémée Philadelphe, suivit l'impulsion donnée et acheva l'œuvre commencée par son père ; on peut même assurer que l'Égypte serait devenue encore le pays

---

42. Quel fut le sort de l'empire d'Alexandre ?
Comment Ptolémée se conduisit-il en Égypte ?
Son successeur marcha-t-il sur ses traces ?

de la sagesse, si les successeurs de ces deux princes s'é-
taient montrés aussi soucieux du bien de l'État.

**43.** Ptolémée Philadelphe ne se borna pas à favoriser
les arts et le commerce; il chercha aussi à donner à
l'Égypte des alliés fidèles, et il en trouva chez les Romains.
Ceux-ci étaient arrivés à l'époque critique de leur nationalité; à côté d'eux et, pour ainsi dire, à leur porte, habitaient les Samnites, nation dure, sobre et jusque-là
indomptée, plus peuplée que Rome et défendue par les
Apennins. Pendant un demi-siècle, ils luttèrent avec
énergie contre la puissance romaine, lui firent subir
d'humiliantes défaites, et, quand ils succombèrent, du
moins tombèrent-ils noblement, sans avoir à se reprocher
les actes de mauvaise foi dont s'était souillé le peuple
romain.

Cette guerre se termina fort à propos; car, si elle avait
duré quelques années de plus, Rome aurait eu à la fois deux
luttes à soutenir et c'en eût été fait d'elle. Ce furent les Tarentins qui, en insultant les ambassadeurs romains, occasionnèrent cette nouvelle guerre; ils appelèrent à leur secours Pyrrhus, roi d'Épire. Ce prince obtint d'abord l'avantage; il défit les Romains à Héraclée et il aurait triomphé
de leurs armées sans la constance héroïque du sénat, qui se
refusa à toute transaction avec les Tarentins tant que le
prince grec resterait en Italie.

Le Romain Fabricius s'attira une gloire peu commune
dans toute cette négociation, et la grandeur d'âme dont il
fit preuve a mérité de traverser les âges. Comme Pyrrhus
essayait de le gagner à son parti : « *Si vous me croyez
homme de bien*, répondit le fier Romain, *pourquoi voulez-vous
me corrompre, et si vous me croyez capable de trahir mes
devoirs, qu'avez-vous besoin de moi?* » Pyrrhus, étonné de
cette magnanimité, abandonna les Tarentins à leur sort,
après la bataille indécise d'Asculum, et se jeta sur la Sicile
qu'il soumit et perdit presque aussitôt. En quittant cette

---

43. Quels étaient alors les ennemis des Romains ?
Par qui les Tarentins furent-ils secourus ?
Citez la belle réponse de Fabricius au roi d'Épire ?

île, le roi d'Épire prononça sur elle ces paroles prophétiques : « *Quel beau champ de bataille nous laissons aux Romains et aux Carthaginois!* »

**44.** La guerre ne tarda pas en effet à éclater entre ces deux peuples. Après quelques avantages remportés en Sicile, les Romains résolurent de porter la guerre sur le territoire même de Carthage et de détruire, en la frappant au cœur, cette puissante rivale de Rome. Régulus fut envoyé en Afrique; il battit Amilcar, général carthaginois, près du promontoire d'Ecnome et alla débarquer sur les côtes d'Afrique. La bataille d'Adis, où fut vaincue l'armée carthaginoise, lui donna le pays tout entier. Les Carthaginois demandèrent la paix, mais les conditions posées par Régulus furent si révoltantes que, malgré sa misère, Carthage les rejeta. Le désespoir arma le bras de ses citoyens; un secours de Grecs auxiliaires débarqués sous la conduite du Spartiate Xanthippe lui permit de reprendre l'offensive; les Romains furent vaincus et leur général fut fait prisonnier.

Régulus montra dans sa captivité une grande force d'âme; il s'opposa constamment à ce que Rome le rachetât et mourut au milieu des supplices. Les Carthaginois, délivrés sur leur territoire, allèrent reporter le théâtre de la lutte dans la Sicile. Amilcar Barca, leur général, eut quelque avantage sur terre ; mais leur flotte, victorieuse au port de Drépane, fut détruite aux îles Égates et la paix fut signée. Par ce traité, la partie de la Sicile que possédaient les Carthaginois devint province romaine.

**45.** Les Gaulois, que nous avons déjà vus s'emparer de Rome, n'étaient pas restés inactifs pendant que leurs voisins se battaient; ils avaient envahi la Thrace et s'y étaient établis. Ceux des leurs qui occupaient le nord de l'Italie avaient renoncé à la vie errante qu'ils avaient me-

---

44. Quels furent les exploits, les revers et la fermeté de Régulus ?
Par suite de quels revers les Carthaginois perdirent-ils la Sicile ?
45. Qu'étaient devenus les Gaulois après la prise de Rome ?
Pourquoi recommencèrent-ils la guerre ?
Quelle fut l'issue de la lutte ?

née jusqu'alors et se tenaient paisibles dans leurs plaines. Les tracasseries que Rome leur suscita furent la cause de leur révolte. Ils entraînèrent les peuplades voisines et tous ensemble se ruèrent sur les provinces romaines, pillèrent le pays et poussèrent leurs incursions jusqu'à trois journées de la capitale.

Le sénat alarmé fit avancer de nombreuses troupes, dans le dessein de couper la retraite aux barbares; ceux-ci revinrent sur leurs pas, tuèrent six mille hommes aux Romains, et ils auraient détruit cette première armée, si deux autres n'étaient venues à son secours.

La bataille générale se donna vis-à-vis du cap Télamone. Ce fut un affreux spectacle pour les Romains de voir ces barbares, à demi nus, descendre des collines avec leurs armes et leurs grands boucliers. A un signal donné, ils poussent tous ensemble d'effroyables hurlements, font sonner une multitude de cors et de trompettes et frappent en cadence sur leurs boucliers. La terre s'en émeut; les lieux d'alentour répètent cet horrible bruit, et les plus intrépides du côté des Romains ne peuvent se défendre d'un frisson d'épouvante. Néanmoins, comme les barbares étaient pour la plupart entièrement nus, et que leurs armes étaient inférieures à celles de leurs adversaires, ils furent vaincus et soumis. Toute l'Italie, jusqu'aux Alpes, reconnut la puissance de Rome, qui, maîtresse de ses destinées, put jeter ses regards sur l'Espagne, où l'attiraient les Carthaginois, et sur la Grèce, qui, depuis la mort d'Alexandre, était presque toujours en guerre civile.

**46.** Carthage s'était relevée rapidement de l'état d'abaissement où l'avaient réduite les Romains; elle s'était emparée de la plus grande partie de l'Espagne et n'avait pas craint, pour réparer son honneur et prendre l'occa-

---

46. Comment la lutte se ralluma-t-elle entre Rome et Carthage?

Quels sont les grands hommes qui se distinguent des deux côtés?

Où les Romains furent-ils défaits?

Que se passait-il en Espagne?

sion d'une revanche, d'attaquer Sagonte, alliée de Rome. En vain le sénat envoie à Carthage deux ambassades successives, l'opiniâtreté des Carthaginois se refuse à toute concession, et quand le chef de la seconde ambassade, Fabius, faisant un pli à son manteau, prononce ces mémorables paroles : « *Je porte ici la paix ou la guerre,* » Carthage choisit la dernière.

Il est vrai qu'elle avait alors à la tête de ses armées un des plus grands hommes de guerre qui aient existé, le fameux Annibal. Ce général, au lieu de prendre la mer, n'hésite pas à se frayer un passage dans un pays inconnu : il traverse la Gaule, franchit les Alpes, écrase aux batailles du Tésin et de la Trébie l'armée romaine commandée par Scipion et par Sempronius, leur tue trente mille hommes, traverse, au prix des plus grandes fatigues, les marais de Clusium, et détruit la dernière armée romaine auprès du lac de Trasimène.

Rome courait les plus grands dangers si elle persévérait dans la même ligne de conduite; mais, cédant aux sages conseils de Fabius, elle traîna les choses en longueur, et se contenta d'affamer et d'inquiéter son ennemi sans jamais lui offrir le combat : cette politique produisit les plus heureux fruits; malheureusement un consul ignorant et présomptueux, qui ne s'était élevé à cette dignité que par des discours violents, renonça à ce plan de campagne et alla faire exterminer son armée à la bataille de Cannes.

Rome, dont les ressources paraissaient grandir en proportion de ses pertes, tenta alors un coup décisif en luttant sur deux champs de bataille. Pendant qu'elle défendait pied à pied son territoire contre Annibal, les deux Scipion soulevaient l'Espagne. Carthage ne savait à qui envoyer du secours : l'armée d'Annibal était épuisée, la colonie espagnole échappait à sa puissance. Le combat d'Anitorgis, où tombèrent les deux Scipion, parut remettre les affaires en meilleure voie; mais ces illustres capitaines laissaient un héritier, le jeune Scipion, qui, à peine âgé de vingt-quatre ans, eut la hardiesse de frapper la colonie au cœur, en attaquant et en prenant Carthagène. Il marcha avec tant de rapidité de victoire en victoire que deux années lui suffirent pour chasser les Carthaginois de la péninsule.

**47.** Annibal, acculé aux confins de l'Italie, se défendit avec héroïsme et, quoique n'ayant auprès de lui qu'une poignée de vétérans, il inspira encore une secrète terreur; son frère Asdrubal, en venant le secourir, perdit la vie près de Métaure, dans un combat furieux.

Craignant tout d'un homme réduit au désespoir, Scipion, au lieu d'attaquer Annibal dans la contrée où il s'était retiré, préféra porter la guerre à Carthage, afin de forcer son adversaire à la retraite. Il eut, à son arrivée, un puissant auxiliaire dans Massinissa, roi des Numides, qu'une injure personnelle écartait des Carthaginois, et la rivale de Rome fut bientôt réduite aux abois. Annibal, rappelé, quitta l'Italie à regret et parvint heureusement à Carthage, dont les affaires étaient dans un état si fâcheux que ce héros ne put y remédier. Il demanda une entrevue à Scipion, et l'on dit que ces deux grands hommes, se trouvant face à face, demeurèrent comme immobiles, frappés d'une admiration réciproque. La paix ne put être conclue et la guerre recommença. Annibal se conduisit en grand capitaine, mais que faire avec des troupes mercenaires? Malgré son génie et sa bravoure, il fut vaincu dans les plaines de Zima. Les conditions du vainqueur furent accablantes : la marine carthaginoise fut brûlée en pleine mer, en vue de la ville, et telle était l'apathie de ces marchands enrichis qu'ils purent contempler de sang-froid cet affreux spectacle.

Annibal en avait l'âme navrée; cette vue était pour lui pire que la mort; aussi, quand il s'agit de payer la somme convenue et qu'il vit les sénateurs verser des larmes, il ne put s'empêcher de leur adresser ces paroles : « *Vous avez enduré que l'on vous désarmât, qu'on brûlât vos vaisseaux,*

---

47. Quel fut le sort d'Annibal en Italie?

Pourquoi fut-il rappelé?

Où fut-il battu?

Comment reprocha-il à ses concitoyens leur bassesse d'âme?

Quelle fut la conduite des Romains?

*qu'on vous interdit la guerre : la honte publique ne vous a pas tiré un soupir et vous pleurez aujourd'hui sur votre argent !* »

Les Romains, dans leurs histoires, en parlant de mauvaise foi, se servent toujours de l'expression *fides punica*, la foi carthaginoise, et cependant la foi romaine, on peut le dire, se tenait à peu près au même niveau d'honnêteté. Après avoir conclu la paix avec Carthage et avoir mis cette ville dans l'impossibilité de se défendre, ils poussaient Massinissa, vieillard avide et sans honneur, à empiéter sur le territoire des Carthaginois, et, quand ceux-ci se plaignaient à Rome, les arbitres envoyés par le sénat ne manquaient jamais de donner raison au roi numide. Caton l'Ancien se rendit particulièrement infâme dans ces négociations.

**48.** Comme les Carthaginois préféraient tout subir plutôt que de recommencer la guerre, Rome les laissait affaiblir de plus en plus par leurs voisins, et, quand le mal devint sans remède, le consul Censorinus, s'adressant aux députés carthaginois, leur dit : « *Vous êtes sous la protection de Rome; vos armes, vos machines, vos vaisseaux vous sont inutiles : livrez-les pour preuve de la sincérité de vos sentiments.* » A peine ce sacrifice était-il consommé que le consul leur annonça l'arrêt du sénat ordonnant que Carthage fût ruinée de fond en comble.

A cette nouvelle, un cri de douleur sort de toutes les poitrines; les malheureux habitants se roulent dans la poussière, élèvent vers le ciel leurs mains frémissantes et prennent le monde entier à témoin de l'injustice avec laquelle on les traite. Bientôt les larmes cessent pour faire place à la fureur : hommes et femmes travaillent jour et nuit à forger des armes : l'or, l'argent, le cuivre et le fer leur servent indistinctement; des poutres de leurs maisons démolies, ils construisent des bateaux plats. Tant d'efforts eussent été couronnés de succès, sans l'arrivée subite de Scipion Émilien. Le premier assaut qu'il donna à la ville n'ayant pas réussi, il tenta de la prendre par

---

48. Citez les paroles du consul Censorinus et l'arrêt du sénat.

mer; mais il fut tout surpris de rencontrer dans le port une flotte carthaginoise qui osa lui tenir tête durant une journée entière. Enfin la ville fut prise; les Carthaginois se défendirent en désespérés dans les rues; chaque maison devint une forteresse et le combat dura six jours et six nuits sans se ralentir un instant. Carthage fut complétement brûlée (146); elle avait eu sept cent quarante-quatre ans d'existence.

49. La même année, Corinthe fut détruite et la Grèce déclarée province romaine sous le nom d'Achaïe. La jalousie de Sparte contre Athènes, celle de Thèbes contre Sparte, les guerres sans cesse renaissantes avaient affaibli tous ces petits États, qui devinrent une proie facile. Tant que vécut Philopœmen, la ligue achéenne était une puissance avec laquelle il fallait compter; mais quand cet illustre général eut été lâchement empoisonné par des traîtres à gages que Rome entretenait à Messène, tout fut perdu. Persée, roi de Macédoine, succomba le premier sous les coups des Romains; l'Épire fut détruite, la Thessalie ravagée; mille Achéens, parmi lesquels il faut compter l'historien Polybe, furent arrachés à leurs foyers et transportés en Italie comme partisans ouverts ou secrets de Persée. Ces mesures révoltantes finirent par lasser les Grecs; ils prirent les armes et furent vaincus à Scarphée par Métellus et à Leucopetra par le consul Mummius. Corinthe fut pillée et brûlée: la Grèce était soumise.

---

49. Quels événements amenèrent la soumission de la Grèce?

# CHAPITRE VII

## DE L'ASSERVISSEMENT DE LA GRÈCE A LA NAISSANCE DE JÉSUS-CHRIST (146-1.)

**50.** Rome pouvait se croire et se dire la maîtresse du monde, lorsque l'audace d'un pâtre lusitanien, nommé Viriathe, ralluma la guerre en Espagne. De 149 à 146, il avait remporté plusieurs victoires sur les Romains; ce succès toutefois n'avait rien de surprenant, puisque l'élite des troupes était occupée à guerroyer en Afrique et en Macédoine. Mais un fait réellement extraordinaire, ce fut le siége de Numance qui, défendue par Viriathe et n'ayant que huit mille guerriers, tint tête pendant dix ans à la puissance romaine. Rome dut abaisser son orgueil au point de traiter avec ce pâtre belliqueux, et ses consuls ne rougirent pas de le faire assassiner à prix d'argent. Il fallut en Espagne la présence et le génie de Scipion pour dompter les Numantins qui, sous la conduite de Rétogen, successeur de Viriathe, se défendaient avec intrépidité. La ville, réduite par la famine, fut contrainte d'ouvrir ses portes à un ennemi qui n'avait pu la prendre et qui la détruisit jusqu'aux fondements (133).

Par suite de toutes ces guerres, un grand nombre de prisonniers avaient été vendus comme esclaves; ces malheureux, abandonnés à eux-mêmes et traités avec la dernière inhumanité, finirent par relever la tête; ils se soulevèrent en Sicile, et la rébellion se communiqua de proche en proche avec la rapidité de l'éclair. Les esclaves s'emparèrent successivement de plusieurs places fortes, et,

---

50. Quels sont les deux guerriers qui se distinguèrent au siége de Numance?

Quel fut le sort de Numance à l'issue de la guerre?

Que devenaient les prisonniers de guerre?

Que firent les esclaves?

sans la trahison de leurs chefs, ils auraient troublé profondément l'Italie.

**51.** Rome, distraite par tant de guerres extérieures, laissait tomber à l'intérieur les lois sages auxquelles elle devait sa prospérité ; la corruption se glissait partout ; le luxe et la brigue ne connaissaient plus de frein ; les Gracques, de la famille des Scipions, succombèrent en voulant réformer leur patrie. Pendant tout le temps qui s'écoula de la ruine de Numance à la dictature de Jules César, ce fut une suite de querelles où l'ambition tint lieu de patriotisme. La soif de dominer excitait les convoitises d'une multitude de capitaines qui, pour leur intérêt propre, ne se firent pas faute de déchirer le sein de leur mère commune.

La guerre civile excitée par Sylla et Marius jette comme un reflet de sang sur cette triste époque, et les calamités dont Rome était menacée paraissaient si difficiles à éviter, que les citoyens paisibles durent regarder comme un bienfait les guerres contre Jugurtha et surtout celle qui fut entreprise contre Mithridate, roi de Pont. Le premier était petit-fils de ce Massinissa qui fit tant de mal aux Carthaginois. Il s'empara du trône au préjudice de ses deux cousins, souilla la terre de meurtres, acheta le silence ou la complicité des consuls romains et se révolta ensuite contre eux. Il fut perdu par le même moyen qui lui avait tant de fois réussi ; trahi par Bocchus, il mourut de faim au fond d'une prison (106).

**52.** Dans le même temps, les Cimbres, partis des bords de la Baltique et réunis aux Ambrons et aux Teutons, descendirent vers le midi. Ils ravagèrent l'Illyrie pendant trois ans, tuèrent le consul Papirius Carbon qui défendait l'entrée de la Norique, tournèrent l'Helvétie, se répan-

---

51. En quel état se trouvait la ville de Rome par suite de tant de guerres ?

Que savez-vous de Jugurtha ?

52. Racontez l'incursion des Cimbres, des Ambrons et des Teutons.

Par qui et comment furent-ils vaincus ?

Racontez en détail la défaite des Cimbres.

dirent comme une inondation sur le nord de la Gaule, la traversèrent dans toute son étendue, allèrent battre près de Genève le consul Cassius Longin et exterminer à Orange l'armée romaine; enfin, Rome courait encore les risques de se voir pillée, si, au lieu d'agir de concert, les Barbares ne s'étaient divisés.

Semblables à un torrent débordé qui court au hasard à travers la plaine, renversant, détruisant tout ce qu'il rencontre, les Ambrons et les Teutons se précipitèrent sur l'Espagne, traînant après eux tous les fléaux qui accompagnent les invasions. N'ayant plus rien à détruire, et comme poussés par une force occulte, ils revinrent sur leurs pas et se préparèrent à fondre sur l'Italie. Marius les arrêta dans leur marche à travers le midi de la Gaule.

La lutte des Ambro-Teutons avec les Romains donna lieu à des scènes effroyables. Les Barbares ayant eu le dessous à la première attaque, leurs femmes sortent du camp, tout échevelées, se ruent dans la mêlée et font reculer les soldats romains. La nuit arrête le combat. Pendant que les soldats de Marius reposaient, les Barbares poussaient des clameurs confuses, pleuraient leurs morts et chantaient des hymnes de vengeance et d'extermination. Le jour était à peine levé, que les vaincus de la veille, n'écoutant que leur courage, se précipitent sur les Romains. Une bataille acharnée s'engage sur les bords du Cœnus ; cent mille Barbares y périssent.

Le même spectacle se produisit à la bataille de Verceil, livrée contre les Cimbres, qui avaient gagné l'Italie par l'Helvétie et la Norique. Ces rudes guerriers, ayant appris le désastre des Teutons, prirent la résolution extrême de périr jusqu'au dernier pour venger leurs alliés. Afin de s'ôter la possibilité de fuir ou de se débander, ils s'étaient liés les uns aux autres. Leur choc fut des plus terribles, et la victoire demeura longtemps indécise. Marius finit, cependant, par triompher : les Cimbres furent écrasés. Mais, quand il s'agit de s'emparer de leur camp, il fallut recommencer le combat. Les femmes se défendirent avec une sauvage énergie ; et, quand tout fut perdu, elles égorgèrent leurs enfants et combattirent jusqu'à la mort.

Les chiens, que ces peuplades nourrissaient en grand nombre, continuèrent la lutte, courant d'un chariot à l'autre, et mordant les envahisseurs. Ce ne fut que quand il ne resta plus un être vivant que les Romains purent s'emparer du butin.

53. Le rival de Marius, Sylla, tenta d'acquérir, dans la guerre contre Mithridate, la gloire que Marius s'était acquise contre les Barbares. Ce Mithridate n'était pas un guerrier vulgaire : il s'était déjà illustré, en Asie, par de beaux faits d'armes, et, mécontent des Romains, il leur avait voué une haine implacable. Archélaüs commandait pour lui en Grèce. Sylla le battit plusieurs fois, brûla le Pirée, et remporta, dans les plaines d'Orchomène, une victoire qui lui fut chaudement disputée. Il imposa ses conditions à la paix de Dardanum.

Cette paix, qui était trop dure, ne pouvait être longtemps gardée; Mithridate la vit s'aggraver encore par la basse flatterie de Nicomède, roi de Bithynie, qui léguait, par testament, son royaume au peuple romain. Il résolut de prévenir un tel malheur, et se lança de nouveau dans les combats. Les débuts lui furent favorables : le consul Aurélius Cotta se fit battre sur mer, et son lieutenant, Nudus, fut mis en pleine déroute sur terre. L'arrivée de Lucullus et le plan que le nouveau général s'était tracé d'éviter les rencontres et d'attendre, pour l'attaquer, que son ennemi fût épuisé, changèrent les défaites en victoires. Mithridate, plusieurs fois victorieux encore, se vit enfin abandonné de son armée.

Il conserva néanmoins sa grandeur d'âme jusqu'au bout. Apprenant que le Pont se soumettait aux Romains, et craignant que ses sœurs et ses femmes ne tombassent vivantes entre les mains des vainqueurs, il leur ordonna de prévenir leur déshonneur par la mort. Une de ses femmes, Monime, essaya de s'étrangler avec son ban-

<hr>

53. Contre qui Sylla luttait-il en Orient?
La paix de Dardanum dura-t-elle longtemps?
Pourquoi Mithridate fut-il le premier à la rompre?
Quel plan de campagne s'était tracé Lucullus?
Quelle fut la fin de Mithridate et de sa famille?

deau royal, qui se rompit; on entendit alors la malheureuse princesse s'écrier : *« Maudit bandeau, tu n'es pas même bon à cela ! »* puis elle présenta son sein aux satellites et mourut sans fléchir.

Le vieux Mithridate, réfugié chez son gendre Tigrane, s'y vit poursuivi par Lucullus et Pompée ; il essaya encore de soulever les peuplades scythes contre Rome ; mais la fortune trahit son courage. Abandonné de tous, vendu par son fils Pharnace, il essaya en vain de s'empoisonner ; le fer d'un Gaulois le délivra de la vie (63).

54. Le désordre, à Rome, était de plus en plus grand ; la fortune s'amassait entre certaines mains, et la misère du peuple était générale. Comme il arrive toujours dans ces époques de crise, on prêtait l'oreille avec avidité à ceux qui avaient le talent de faire retentir le mot bonheur dans des phrases pompeuses. Les ambitieux profitèrent de cet état des esprits pour s'élever ; les conspirations devinrent plus fréquentes, et Catilina parvint à se faire une réputation sinistre au milieu de ces esprits remuants. Sans la vigilance de Cicéron, la guerre civile éclatait dans Rome même.

Mais un homme grandissait, qui était appelé à changer la constitution de son pays : c'était Jules César. Pourvu du commandement de la Gaule, il dompta l'une après l'autre les tribus barbares qui la composaient, conquit la Belgi-

---

54. Quelle était la situation de Rome?

Nommez le plus fameux des conspirateurs. — Par qui la guerre civile fut-elle empêchée?

Comment appelez-vous le conquérant de la Gaule ?

Quels furent ses plus illustres adversaires ?

Parlez-nous de la lutte entre César et Pompée.

Quelle fut la mort de ce dernier?

Comment César échappa-t-il à la mort ?

Que fit-il en Judée?

Citez les paroles de César après la bataille de Zéla?

Quelles furent les deux dernières batailles livrées par les Pompéiens?

Comment César se montra-t-il grand administrateur ?

Où et comment périt-il?

que au prix de mille fatigues et poussa ses exploits jusque dans la Grande-Bretagne. Ambiorix et Vercingétorix prolongèrent inutilement la lutte sur le sol gaulois; ils furent vaincus, et leur bravoure ne servit qu'à les rendre illustres et plus malheureux. Cette grande conquête n'avait demandé que neuf ans (59-50).

César eût été l'idole de sa nation si, après avoir donné à Rome des contrées si belliqueuses, il s'en fût tenu là. Mais l'ambition qui le travaillait lui fit tirer contre ses concitoyens ce fer qu'il avait employé jusque-là contre les Barbares. Il passe le Rubicon et s'avance vers Rome; à son approche, Pompée et le sénat, qui l'avaient déclaré traître à la patrie, abandonnent la ville. César y trouve l'argent nécessaire à ses projets, et, avant que ses ennemis soient revenus de leur surprise, il court en Espagne combattre l'armée dévouée à son rival, obtient sa soumission, se fait nommer dictateur, et s'embarque à Brindes pour aller se mesurer avec Pompée, dont il détruit la dernière armée à la bataille de Pharsale. Pompée, fugitif, espère trouver en Égypte des amis; il n'y trouve que des assassins (48).

César, qui s'était mis à sa poursuite, put contempler son cadavre sanglant, et l'on rapporte qu'il versa des larmes en voyant la tête détachée du tronc. Cette terre d'Égypte faillit lui devenir fatale à lui-même; il n'échappa à la mort qu'en se jetant à la nage, tenant ses papiers d'une main et sa cotte d'armes entre les dents.

Il alla ensuite régler les affaires de Judée en confirmant Hircan II dans sa dignité de grand prêtre, et en établissant Antipater procurateur. Il était occupé de ce soin, lorsqu'il apprit que Pharnace, partisan de Pompée, revendiquait les États de son père Mithridate. Une nouvelle campagne, entreprise aussitôt, fut terminée avec une telle rapidité que César, après la bataille de Zéla, put écrire : « *Veni, vidi, vici: je suis venu, j'ai vu, j'ai vaincu* », comme si la chose s'était faite d'elle-même. Par une singulière destinée, le sol africain, témoin de tant de revers, devait servir de théâtre à la dernière lutte de César contre les Pompéiens, qui reçurent un échec irréparable à la bataille de Thapsus, et dont la ruine fut achevée à celle de Munda, au sud de la Bétique (45).

César avait montré par ses conqnêtes qu'il était capable d'occuper le premier rang dans sa nation; les réformes qu'il opéra montrèrent qu'il en était digne. Il fonda plusieurs colonies, établit les lois somptuaires destinées à réprimer le luxe, réforma le calendrier, entreprit de fonder des bibliothèques, de réformer le droit civil, de tracer le cadastre de son empire, de creuser un port à l'entrée du Tibre, de déssécher les marais Pontins; et, après s'être élevé au-dessus des conquérants, il aurait, si Dieu lui avait laissé la vie, éclipsé par la sagesse de son administration les plus habiles législateurs. Il mourut assassiné en plein sénat, de la main de Brutus qu'il aimait comme un fils.

55. Son neveu adoptif, Octave, qui lui succéda, eut un compétiteur redoutable dans Antoine; mais bientôt, unis ensemble, ils combattent avec succès en Macédoine les meurtriers de César, et leurs liens sont encore resserrés par le mariage d'Antoine avec Octavie, sœur du jeune César. Ils se partagent l'empire: Antoine obtient l'Orient, Octave l'Italie et l'Occident.

Cet accord ne dura pas longtemps; Antoine, poussé par une ambition démesurée, débarqua à Brindes et s'unit à Sextus Pompée pour accabler Octave; il eut le bon esprit de ne pas s'engager trop loin et laissa Pompée lutter seul contre leur ennemi commun. La lutte, d'abord funeste, fut à la fin favorable à Octave: battu à Tauromenium, il prit sa revanche à Nauloque et Pompée dut chercher un asile chez les Parthes.

Antoine, pendant ce temps-là, parcourait la Grèce et l'Asie, et se faisait rendre partout des honneurs presque divins; il aurait pu agrandir son empire, mais la fatale passion qu'il avait ressentie pour Cléopâtre, reine d'Égypte, avait engourdi son âme et paralysé son énergie. Son

---

55. Racontez la lutte d'Octave et d'Antoine.
Comment mourut Antoine? Comment mourut Cléopâtre?
Quel titre Octave reçut-il du sénat?
Auguste s'occupa-t-il de l'administration intérieure?
N'y eut-il pas de conjurations formées contre lui?

divorce avec Octavie, son mariage avec Cléopâtre avaient irrité Octave et les Romains: la guerre fut déclarée et se termina par la défaite d'Antoine à la bataille d'Actium (2 septembre 31).

Le désastre de cette journée, quelque grand qu'il fût, aurait été facilement réparé, si, au lieu de se mettre à la poursuite de Cléopâtre et de perdre un temps considérable, Antoine eût réorganisé son armée et repris l'offensive. Le courage lui fit défaut: il préféra se tuer. Cléopâtre essaya de gagner Octave comme elle avait captivé Antoine; n'y pouvant réussir, elle se fit piquer par un aspic et elle expira, préférant la mort à la honte de suivre le char d'un triomphateur. Avec elle finit la dynastie des Lagides. L'Égypte fut déclarée province romaine.

Après tous ces triomphes, Octave reçut du sénat le titre d'Auguste, différent de celui de roi, et qui, ne désignant aucun pouvoir connu, ouvrait la porte à toutes les exagérations du despotisme et de la flatterie.

A part quelques luttes de détail sur les frontières, l'empire était paisible. Auguste entreprit de le faire fleurir au dedans et de réaliser les projets de Jules César. Il opposa des digues aux abus de plus en plus nombreux qui s'étaient glissés dans l'État : le célibat, l'adultère, le divorce sans cause légitime, le luxe attirèrent son attention. Mais, en essayant d'enrayer le cours des passions, il excita des complots, dont le plus dangereux fut celui de Cornélius Cinna, neveu de Pompée. La grandeur d'âme avec laquelle Auguste pardonna aux conjurés désarma le mauvais vouloir et il ne se trama plus rien contre sa vie.

# CHAPITRE VIII

## MŒURS DES PEUPLES QUI FURENT ANNEXÉS A L'EMPIRE ROMAIN

**56.** Parvenus à la naissance de Jésus-Christ et à l'époque la plus glorieuse de l'empire romain, il n'est pas inutile de jeter un regard sur l'ensemble du monde et de voir quelles étaient les coutumes et les religions des peuples avec lesquels nous allons être en rapport.

Rome comptait alors près de deux millions d'habitants recrutés de toutes les nations du monde; mais cette population était loin d'être homogène, et les grandes familles qui avaient illustré la Rome ancienne tendaient à disparaître peu à peu. Le luxe et la mollesse avaient succédé aux vertus antiques et, au milieu d'une prospérité apparente, il était facile d'apercevoir les germes d'une profonde décadence.

Les arts continuaient d'être cultivés; les belles-lettres étaient en renom et brillaient d'un vif éclat; on ne trouvait plus néanmoins d'orateurs animés d'un véritable esprit patriotique : la flatterie, l'inimitié et l'amour-propre perçaient dans tous les genres de littérature.

Depuis son asservissement, la Grèce est frappée de stérilité; les villes se dépeuplent; la campagne, autrefois si fertile, est chaque jour plus abandonnée; un grand nombre de cités ont complétement disparu; Thèbes et Lacédémone ne sont plus que des villages, et si Athènes conserve quelque prestige, cet éclat, qu'elle doit à ses écoles

56. Quelle était la population de Rome?
Quels étaient les signes de sa décadence?
La Grèce était-elle en meilleure situation?
Quels étaient les avantages de la Judée et des autres pays formant le littoral de la Méditerranée?

de philosophie, tend à disparaître rapidement. Tout s'amollit, tout fléchit à la fois à Rome comme à Athènes. La religion païenne, au lieu de s'opposer à cet état de choses, pousse ses sectateurs au plaisir et achève de les énerver.

L'Égypte et la Palestine, grâce à des mœurs plus saines, reprennent leur ancienne prospérité et s'enrichissent avec le blé qu'elles exportent à l'étranger. La côte africaine et l'Espagne, trop éloignées de Rome pour en ressentir les vices, ne reçoivent que les bienfaits de la civilisation et marchent à grands pas dans la voie du progrès. L'Espagne surtout se fait remarquer par la richesse et le bien-être de ses habitants. Cette prospérité éclate également dans le midi des Gaules, à Marseille, antique cité qui devient le rendez-vous de la haute société romaine, et dont les habitants se font remarquer par la distinction des manières et la franchise du caractère.

**57.** Mais en dehors de ces contrées règnent des mœurs et des religions différentes. Les Gaulois habitent le territoire connu aujourd'hui sous le nom de France, territoire dont une partie est cultivée et dont l'autre est couverte de pâturages ou d'épaisses forêts ; ceux qui habitent les endroits cultivés ont des mœurs assez douces et un naturel sociable ; les autres, errant dans les forêts, ont un esprit belliqueux et des habitudes farouches.

Leurs prêtres, nommés druides, formaient une caste fort influente dans l'État ; ils avaient une grande vénération pour le gui du chêne, qu'ils coupaient, chaque année, avec une faucille d'or. Ces hommes féroces célébraient leurs mystères dans le fond des bois et sacrifiaient à leurs dieux des victimes humaines, qu'ils immolaient ordinairement sur de grandes tables de pierre. Les druides ouvraient les cadavres et prédisaient des biens ou des maux, selon que les entrailles des victimes étaient plus ou

---

57. Quelles étaient les mœurs des Gaulois ?

Que savez-vous de leur religion ?

Quelles étaient les coutumes des Germains ?

A quels peuples les Romains donnaient-ils le nom d'Hyperboréens ?

moins palpitantes. Dans les circonstances graves, on construisait d'énormes corbeilles en osier, on y jetait un certain nombre de prisonniers de guerre, de criminels ou d'étrangers, et on les brûlait vifs. Les cris poussés par ces malheureux, au lieu de toucher les assistants, leur causaient une joie indicible.

A l'est de la Gaule, dans le pays situé sur la rive droite du Rhin, demeuraient les Germains, dont les mœurs étaient pures. Leur religion était moins sanguinaire que celle des Gaulois. N'habitant ni bourgades, ni villages, ils vivaient disséminés çà et là; leurs huttes, bâties de branchages cimentés de terre et couvertes de roseaux ou de chaume, étaient éparses, isolées, selon qu'une fontaine, un champ, un bocage invitait une famille à s'y fixer. Vues de loin, ces huttes ressemblaient à des ruches d'abeilles; la porte en était basse, et un seul trou, percé au sommet de l'habitation, y tenait lieu à la fois de fenêtre et de cheminée. Pendant l'hiver, les Germains demeuraient dans des souterrains recouverts de paille et de fumier.

Tout le temps qu'ils ne donnaient pas à la guerre, ils le passaient à la chasse et surtout aux plaisirs de la table. Au lieu de mettre leur gloire dans les richesses et le luxe, ils pensaient qu'ils n'en sauraient obtenir de plus belle que d'avoir une nombreuse famille et d'acquérir une grande réputation de bravoure. Ils portaient si haut l'honneur militaire, qu'ils regardaient comme une infamie d'avoir perdu son bouclier; l'homme souillé de cette tache ne pouvait assister aux sacrifices, ni entrer au conseil public; on vit souvent des guerriers échappés aux combats s'étrangler eux-mêmes, pour fuir l'opprobre qui les poursuivait. Ces diverses opinions tendaient à rendre les Germains intrépides dans la guerre et paisibles dans la paix.

Les peuples du nord de l'Europe, si l'on en excepte les Bataves qui occupaient des plaines marécageuses à l'embouchure de la Meuse et du Rhin, avaient tous à peu près les mêmes usages et les mêmes croyances; les Romains les désignaient sous le nom générique d'Hyperboréens, et débitaient quantité de fables à leur sujet.

**58.** La Grande-Bretagne était mieux connue; on savait déjà à Rome que les usages et la religion des peuples bretons ne différaient pas sensiblement de ceux des habitants de la Gaule. Les conquêtes, en faisant mieux connaître le pays, montrèrent que l'on ne s'était pas trompé ; mais, quand les généraux romains voulurent subjuguer, dans la suite, l'île tout entière, ils rencontrèrent, dans le nord de la Grande-Bretagne, une nation indomptable qui leur résista avec intrépidité : c'étaient les Calédoniens.

Ils vivaient dans les montagnes de l'Écosse. Leur religion était simple ; ils admettaient l'existence d'un Dieu et l'éternité des peines et des joies à venir. Ceux qui avaient été braves à la guerre et hospitaliers en temps de paix allaient, après leur mort, habiter la région des nuages ; ils erraient sur les montagnes, au milieu des légères vapeurs du matin, et revenaient voir leurs descendants; les autres descendaient dans des marais infects, sous des eaux croupissantes, et si quelquefois ils quittaient ces lieux, c'était pour venir, sous la forme d'un noir brouillard, apporter aux vivants des calamités de toutes sortes. Telles étaient leurs croyances.

Quand un Calédonien expirait, on mettait son cadavre dans une fosse profonde ; on plaçait à côté de lui son épée, quelques flèches, la dépouille d'une bête fauve, symbole de la chasse, et l'on élevait aux quatre coins de sa dernière demeure de longues pierres qui en marquaient l'étendue. Les Bardes entonnaient ensuite le chant du trépas, et l'âme du défunt s'élevait dans la région des nuages. Si cette dernière cérémonie était négligée, l'âme abandonnée à elle-même ne reconnaissait pas sa route et s'égarait au milieu des brouillards.

Ces idées, fortement inculquées dans l'esprit des Calédoniens, leur inspiraient un souverain mépris pour la mort et, en étudiant leur religion, on s'étonne moins qu'un

58. Que savez-vous des peuples qui habitaient la Grande-Bretagne?

Quelles étaient les croyances des Calédoniens?

Quelle influence ces croyances avaient-elles sur les Calédoniens?

si petit peuple ait opposé aux vainqueurs du monde une résistance si opiniâtre.

Leurs mœurs étaient peut-être les meilleures qu'il y eût chez les païens ; l'inconduite, le vol et la fraude leur était inconnus. Unis entre eux comme des frères, ils n'avaient aucune défiance de leurs voisins, ni même des inconnus. Le titre le plus glorieux qu'on pût leur donner était celui d'ami de l'étranger, et l'on ne pouvait adresser à quelqu'un un reproche plus sanglant que de lui dire qu'il fermait sa porte au voyageur.

# CHAPITRE IX

## DE LA NAISSANCE DE JÉSUS-CHRIST A LA RUINE DE JÉRUSALEM (1-70.)

**59.** Après la chute originelle, Dieu avait promis un rédempteur à l'homme déchu, et cette promesse, transmise de génération en génération, formait comme un dépôt sacré que les traditions conservaient religieusement. A mesure que les temps s'avançaient, la voix des prophètes annonçait quelqu'une des particularités de la vie du rédempteur divin. La Perse, la Chaldée, l'Égypte, la Chine, la Gaule, Rome même étaient dans l'attente de l'Homme-Dieu. L'univers était en paix. La Chine, après avoir dompté une grande partie de l'Asie, envoyait demander l'amitié des vainqueurs de l'Occident : tout annonçait que l'époque depuis si longtemps attendue était arrivée : les poëtes des Indes et de Rome en faisaient l'objet de leurs chants. Cet Homme-Dieu naquit au temps et au lieu fixés par les prophètes. Bethléem fut son berceau, Jérusalem l'endroit de

59. Montrez comment le genre humain attendait le Messie. — Citez quelques particularités sur sa vie et sur sa mort.

son supplice, et tout le temps qu'il passa sur la terre fut employé à des œuvres de miséricorde et de salut. Mis à mort sous le gouvernement du procurateur Ponce Pilate, il ressuscita le troisième jour, donnant ainsi à l'univers entier la preuve éclatante de sa divinité.

60. Si ce n'est dans la Germanie, qui remuait sans cesse, aucune guerre ne troubla la fin du règne d'Auguste, et la ruine des légions de Varus fut la seule perte sérieuse que Rome eut à déplorer. Les lettres, déjà illustrées par Salluste et Cicéron, reçurent un nouvel éclat par le génie des Tite-Live, des Horace, des Ovide et des Virgile. Mais, après la mort d'Auguste, une série d'empereurs tous plus infâmes les uns que les autres , Tibère, Caligula, Claude, Néron et Vitellius avilirent comme à l'envi la dignité impériale. Tout ce que le cœur humain renfermait de vices fut honoré de la pourpre, et il se trouva des hommes assez lâches pour y applaudir.

61. Vespasien et Titus relevèrent l'éclat du trône souillé par tant d'empereurs indignes, et leur passage au pouvoir ne fut fatal qu'aux Juifs. A la mort du Messie, ils avaient crié tout d'une voix : *« Que son sang retombe sur nous et sur nos enfants ! »* Cet affreux souhait ne tarda pas à être accompli, et ce fut Titus qui exécuta les vengeances célestes. Trois factions déchiraient alors Jérusalem et y exerçaient la plus horrible tyrannie ; tel était l'acharnement de ces misérables qu'ils luttaient entre eux quand les Romains leur laissaient quelque répit. Ils se défendirent dès les premiers jours avec tant de fureur que Titus, désespérant de les vaincre par les armes, fit entourer la ville d'une muraille pour empêcher les vivres d'y pénétrer.

La famine y exerça d'affreux ravages. On ne voyait dans les rues, sur les places publiques et aux abords du

---

60. Quelle est la perte sérieuse que fit alors Auguste ?
Citez les principaux écrivains de Rome.
Quels furent, parmi les successeurs d'Auguste, les plus infâmes et les plus dégradés ?
61. Sous quels empereurs les Juifs furent-ils châtiés ?
Quelle fut la rigueur de ce châtiment ?
Que faisaient les Juifs pour ne pas mourir de faim ?

Temple que des visages pâles et décharnés. Le nombre de ceux qui tombaient d'inanition était si considérable qu'on ne prenait plus la peine d'inhumer les cadavres : on les traînait dans des maisons et, quand celles-ci étaient pleines, on en murait les portes. Encore ce triste soin fut-il bientôt abandonné et les cadavres demeurèrent où la mort les avait couchés.

Chaque nuit, plusieurs centaines de Juifs franchissaient les murailles et allaient au dehors, au péril de leur vie, cueillir l'herbe qu'ils pouvaient trouver ; quelques-uns tombaient au pouvoir des assiégeants qui les crucifiaient en vue de la ville. Tant de misère, cependant, ne pouvait fléchir les factieux. Après avoir repoussé les efforts des Romains, ils se battaient entre eux avec acharnement et baignaient de leur sang des cadavres déjà putréfiés. D'autres fois, poussés par la famine, ils couraient çà et là fouiller les maisons pour y chercher quelque nourriture, maltraitaient les habitants pour leur arracher des vivres et assassinaient les riches sous prétexte de trahison. Les soldats en étaient réduits à manger les courroies de leurs sandales et les cuirs de leurs boucliers. Et personne ne parlait de se rendre !

**62.** La famine arriva à cette extrémité qu'une femme de Pérée, nommée Marie, à qui des soldats avaient enlevé ce qui lui restait de nourriture, saisit son enfant encore en bas âge, lui brise la tête contre la muraille, le fait rôtir et en dévore la moitié. Les soldats, attirés par l'odeur de cet horrible mets, pénètrent chez cette femme et menacent de la tuer, si elle ne leur montre ce qu'elle a préparé. Elle obéit, et comme les soldats reculent épouvantés : « *Oui,* » leur dit-elle d'un visage assuré, « *c'est mon fils que vous voyez, et c'est moi qui l'ai tué ; vous pouvez bien en manger, puisque j'en ai mangé la première ; ne soyez pas plus sensibles qu'une mère. Si votre pitié vous en empêche, j'achèverai ce qui reste.* »

---

62. Racontez l'histoire de la femme juive qui mangea son enfant.

Quel était l'aspect de la ville ?

La misère était si extrême qu'on ne se plaignait plus, qu'on ne pleurait plus. Les habitants de Jérusalem voyaient la mort planer sur leur tête avec une sorte d'insouciance; peu leur importait qu'elle arrivât un peu plus tôt ou un peu plus tard, et, au milieu du lugubre silence de cette ville attristée, on n'entendait que le cliquetis des glaives et les cris de ceux qui se battaient, tantôt sur les remparts contre les Romains, plus souvent entre eux, au centre de la cité.

**63.** Un homme animé d'un esprit prophétique parcourait les rues en criant : « *Malheur sur Jérusalem ! Malheur au Temple!* » Durant tout le siége, il continua de prononcer la même malédiction sans que les supplices ni les bienfaits aient pu lui fermer la bouche. Un jour il s'écria : « *Malheur sur moi-même!* » et une pierre lancée par une machine des assiégeants le tua sur place.

Enfin, Titus s'empara de la ville. Il aurait voulu sauver le Temple, qui passait pour le plus riche de l'univers; mais un soldat romain, s'étant fait soulever par ses compagnons, avait jeté à l'intérieur un tison ardent et le feu s'était communiqué avec violence. Vainement Titus donna des ordres pour arrêter l'incendie, sa voix fut étouffée par le tumulte. Personne ne prenait garde à ses commandements ; les soldats s'excitaient les uns les autres à hâter les progrès du feu.

De temps en temps, le tumulte était dominé par les clameurs des Juifs qui brûlaient vifs dans le sanctuaire, et si quelqu'un essayait de fuir, c'était pour tomber sous le fer des Romains; d'autres Juifs restés dans la ville perçaient les rangs des légionnaires et venaient se jeter dans les flammes pour périr avec le Temple. Il n'y eut du côté des Romains ni trève ni merci; après que le Temple fut consumé, ils firent main basse sur les habitants de Jérusalem, en tuèrent un grand nombre et vendirent le reste comme esclaves. Jérusalem fut complétement détruite, et plus d'un million d'hommes y perdirent la vie.

---

63. Quelles étaient les malédictions proférées contre la ville?
Quel fut le sort du Temple et celui des habitants?

# CHAPITRE X

## DE LA RUINE DE JÉRUSALEM A LA MORT DE LICINIUS
## (70-324.)

**64.** Après les folies dont Rome avait été le théâtre, le règne de Vespasien eut tous les caractères d'un règne réparateur. Il réprima la licence des hommes de guerre, rétablit l'ordre au dedans, comprima les révoltes de Civilis, dans les Gaules et chez les Bataves, réforma les tribunaux et releva la dignité du sénat. Cette activité finit par le consumer, et, comme ses amis lui conseillaient de prendre quelque repos : « *Non*, dit-il, *il faut qu'un empereur meure debout.* »

Titus, continuant ces bonnes traditions, regardait comme perdue la journée où il n'avait pu faire le bien. Malheureusement cet excellent prince, que la reconnaissance publique a surnommé « les délices du genre humain », ne régna que deux ans et laissa le trône à un monstre qui se joua de ce qu'il y avait de plus auguste, qui, par exemple, afin d'avilir le sénat, le réunit un jour précipitamment pour savoir dans quel vase on ferait cuire un turbot destiné à sa table. Cet indigne empereur, nommé Domitien, persécuta les chrétiens avec violence, essaya, à l'exemple de Néron, de noyer la religion naissante dans le sang de ses sectateurs, et termina sa vie honteuse sous le poignard d'un affranchi. Avec lui finit la dynastie des Flaviens. Sous son règne, cependant, Agricola, beau-père de l'historien Tacite, s'était illustré par ses victoires dans la Grande-Bretagne et dans la Calédonie.

64. Quels furent les règnes de Vespasien et de Titus ?
Que savez-vous de Domitien ?

**65.** Le premier des Antonins, Nerva, rappelle Vespasien par sa fermeté et sa justice ; son successeur, Trajan, surpassa Titus par ses exploits ; il soumit la Dacie, et porta ses armes victorieuses jusqu'à l'Océan Indien. Ce fut sous son règne que l'empire Romain acquit ses plus vastes proportions. Ce prince eût mérité, comme Titus, l'affection de l'univers, s'il n'eût persécuté les chrétiens et s'il ne se fût livré à la passion du vin. Adrien, qui lui succéda, fut autant artiste que Trajan avait été guerrier. Il encouragea les belles-lettres, et se fit remarquer par la justice de son administration ; lui seul, parmi les empereurs romains, essaya d'appliquer le grand principe de l'égalité devant la loi ; mais, sur la fin de sa vie, il devint cruel et soupçonneux.

Son fils adoptif, Antonin, fut de tous les empereurs le plus aimé et le plus respecté ; sa bonté d'âme était proverbiale, et il poussait l'indulgence jusqu'à la faiblesse. Loin d'essayer de se rendre glorieux, il avait coutume de dire que la guerre est une chose abominable, et qu'il vaut mieux épargner la vie d'un citoyen que de tuer mille ennemis.

Le philosophe Marc-Aurèle, qui lui succéda, eut de nombreuses guerres à soutenir contre les Barbares, et fut assez maladroit pour ajouter à ces fléaux celui d'une persécution générale contre les chrétiens.

**66.** A dater de ce moment, s'ouvre une nouvelle série de princes cruels et débauchés, qui se font un plaisir de troubler l'empire et de répandre le sang humain. C'est à peine si, de loin en loin, on peut saluer un bon prince ; encore est-il bientôt massacré, comme il arriva à Pertinax, à Alexandre Sévère et à Probus. L'empire, mis à l'encan, appartient au plus offrant ; on voit successivement des Syriens, des Arabes, des Barbares même, comme le géant

---

65. Quels furent les successeurs de Domitien ?

Quel fut le fils adoptif d'Adrien ?

Que savez-vous de Marc Aurèle ?

66. Ses successeurs furent-ils de bons princes ?

Comment les chrétiens périssaient-ils ?

Maximin, revêtir la pourpre des Césars ; un despote ne s'élève au trône, en marchant sur les cadavres de ses prédécesseurs, que pour tomber lui-même sous les coups d'autres tyrans plus ambitieux. Dans cette anarchie, plusieurs empereurs surgissent simultanément, élus par les troupes disséminées à la surface de l'empire, et se faisant l'un à l'autre une guerre acharnée.

Le sang des chrétiens coule à flots et, parmi leurs persécuteurs, Dioclétien et Maximien-Hercule se font un triste renom. Les fouets, les crocs de fer, les grils brûlants sont mis en usage contre les adorateurs du vrai Dieu ; ils expirent par millions, et les tyrans, aveuglés par l'enfer, n'épargnent pas même leur propre famille. Mais, par un juste décret de Dieu, tous ceux qui combattent contre l'Église périssent misérablement, et cette même punition atteindra les persécuteurs jusqu'à la fin des temps.

**67.** L'an 306 de notre ère voit l'empire romain divisé entre six empereurs nommés sur différents points du territoire. La guerre civile éclate entre ces potentats ambitieux ; en 311, il n'en reste plus que quatre : Licinius, Constantin, Maximin et Maxence.

Pendant que Constantin affermit son empire dans les Gaules et sur les bords du Rhin, Maxence renouvelle à Rome les horreurs des plus odieux tyrans et fait gémir sous l'oppression la capitale de l'empire. Dans le dessein d'arriver à un accord, Constantin propose une entrevue à Maxence qui, pour toute réponse, renverse la statue de son rival, et la jette dans un cloaque. Une telle insulte ne pouvait être que le signal d'une guerre.

Sur le point de l'entreprendre, Constantin, qui n'était pas encore chrétien, quoiqu'il eut été instruit dans la religion nouvelle, s'adressa au vrai Dieu et lui demanda la victoire. Un jour qu'il traversait la Gaule avec ses troupes, il aperçut au milieu du ciel une croix lumineuse portant cette inscription : « *Hoc signo vinces* (*Tu vaincras*

67. Que se passa-t-il de l'an 306 de notre ère à l'année 324 ?
Que représentait le labarum ?
Citez les principaux bienfaits de Constantin.
Comment demeura-t-il seul maître de l'empire ?

*par ce signe*).» Dès le lendemain, il fit faire un étendard nommé *Labarum* représentant l'emblème de cette apparition miraculeuse.

Maxence périt dans la lutte, et Constantin autorisa les chrétiens, par l'édit de Milan (316), à célébrer leur culte en toute liberté. Il abolit ensuite le supplice de la croix, prescrivit le repos du dimanche, enrichit les églises, accorda aux papes le palais de Latran, et reconnut le christianisme comme religion de l'État, sans persécuter néanmoins les idolâtres.

Ce changement fut mal considéré par Licinius qui, après la ruine de Maxence et de Maximin, restait le dernier des rivaux de Constantin. Il donna lui-même le signal de la rupture. Son armée était composée de païens et, avant la bataille, il offrit des sacrifices à ses faux dieux, promettant, s'ils le rendaient vainqueur, d'abolir le christianisme. Il fut vaincu en diverses rencontres, et mourut misérablement, l'an 324.

<hr>

# CHAPITRE XI

## CHANGEMENTS PRODUITS DANS LE MONDE PAR L'INTRODUCTION DU CHRISTIANISME

**68.** On pense généralement très-peu aux bienfaits répandus dans le monde par la religion chrétienne; les considérations suivantes en feront voir toute l'importance.

---

68. En quel état se trouvait la famille à l'apparition du christianisme ?

Quelle était la position du pauvre ?

Comment les esclaves étaient-ils traités ?

Au moment de l'apparition du christianisme, l'univers était plongé dans le plus affreux désordre. Les religions païennes n'étaient qu'un tissu de fables presque toujours immorales, leurs mystères secrets autant d'écoles de libertinage. Cette corruption était également autorisée par les lois ; le divorce était commun ; on considérait le mariage comme un fardeau. Le père avait tout pouvoir sur la vie de ses enfants ; s'il s'en trouvait surchargé, il les exposait dans les rues à la voracité des chiens, ou les jetait à l'eau. La femme n'était guère plus heureuse : on la regardait plutôt comme une servante que comme une compagne.

Le pauvre croupissait dans l'indigence la plus abjecte, et personne ne songeait à le secourir ; sa rencontre était considérée comme un funeste présage et l'aumône comme un manque de dignité. Il n'existait ni un hospice, ni une maison quelconque où il pût être soigné pendant sa maladie ; personne ne se mettait en peine de lui, si ce n'est pour le chasser du seuil de la maison où, épuisé, il venait mourir. Quand le nombre des pauvres devenait trop considérable et que leurs plaintes se changeaient en menaces, les gouverneurs leur faisaient distribuer du blé ; mais c'était la peur et non la compassion qui arrachait à l'avarice ce léger adoucissement.

Au-dessous du pauvre et de l'étranger se trouvait une classe abjecte, méprisée, que l'on achetait et que l'on traitait comme un vil bétail : c'étaient les esclaves. Pour eux, il n'y avait ni loi, ni protection aucune. Pour un vase brisé, pour une sauce répandue, on les jetait dans des viviers, après leur avoir coupé le poignet. Tombaient-ils malades, tantôt on les assommait, tantôt on les abandonnait dans une île du Tibre, où la faim et la fièvre ne tardaient pas à les consumer.

En temps ordinaire, on les jetait pêle-mêle, chaque nuit, dans des caves où ils ne recevaient l'air que par une étroite lucarne ; souvent même ils y étaient enchaînés. Sur le moindre soupçon, on leur disloquait les membres, on leur déchirait les côtes avec des fouets garnis de balles de plomb ou avec des peignes de fer. Si un esclave, outré des mauvais traitements qu'il recevait, s'en vengeait sur la personne de son maître, tous ses compagnons étaient punis de mort avec lui. Quatre cents furent ainsi égorgés du temps de Néron, pour n'avoir pas empêché un assassinat. C'était par milliers que l'on comptait ces malheureux ; s'il faut en croire certains historiens, le nombre des esclaves aurait dépassé le chiffre de cinq cent mille dans la campagne romaine.

69. Sur le même rang figuraient les gladiateurs destinés à se tuer sur l'arène pour amuser le public, ou à se battre contre les bêtes sauvages que l'on amenait de tous les points du monde. Cet atroce spectacle était regardé avec un plaisir infini ; les mères y conduisaient leurs filles, et toutes ces femmes délicates battaient des mains en voyant le sang couler et les hommes mourir les uns sur les autres. Mais le spectacle le plus attrayant était celui des esclaves ou des chrétiens exposés nus aux bêtes de l'amphithéâtre. Quand les lions, les ours ou les panthères s'élançaient sur leur proie, il se faisait un grand silence, et, quand le chrétien ou l'esclave exposé se débattait sous la dent des bêtes, le plaisir des assistants ne connaissait plus de bornes. Hérode, en Judée, exposa quatorze cents gladiateurs en un seul jour. César en donna six cent quarante et Trajan en jeta dix mille dans l'arène ; le massacre dura plusieurs jours. Par un raffinement de cruauté, Néron prit des chrétiens, les enduisit de matières inflammables, les attacha à des pieux au milieu de ses jardins, et, le soir venu, les alluma tout vivants pour éclairer les promeneurs.

Il serait fastidieux d'entrer dans plus de détails, et de s'appesantir sur toutes les horreurs du paganisme ; il vaut mieux, après avoir découvert légèrement les plaies de l'ancien monde, indiquer comment tant de vices ont pu disparaître, et comment la vertu a pu refleurir au milieu de ce limon.

---

69. Qu'appelez-vous gladiateurs ?

Comment les chrétiens ou les esclaves servaient-ils aux divertissements publics ?

Citez un trait de la férocité de Néron relativement aux chrétiens.

**70.** Le divin fondateur de notre religion avait donné la charité comme marque distinctive de son œuvre : « *C'est à cela qu'on vous reconnaîtra pour mes disciples* », disait-il à ceux qui le suivaient, « *si vous vous aimez les uns les autres.* » Ce précepte fut inculqué fortement dans l'âme des premiers chrétiens, et le dernier des apôtres qui demeura sur la terre, étant devenu vieux, répétait constamment à ses auditeurs cette belle parole : « *Mes petits enfants, aimez-vous les uns les autres.* » Fidèles à l'esprit du christianisme, ses premiers sectateurs mirent leurs biens en commun et ne firent tous ensemble qu'un cœur et qu'une âme. La haine dont on les poursuivait augmentait leur mutuel amour, et quand l'un d'eux, condamné à mort pour sa religion, allait terminer son sacrifice, il n'était pas rare que d'autres chrétiens, au risque de leur vie, vinssent l'encourager et lui demander sa bénédiction. Cette charité faisait l'étonnement des païens, et plusieurs fois on les entendit s'écrier : « *Voyez donc comme ils s'aiment, ces chrétiens.* » Ils se donnaient entre eux les doux noms de frère et de sœur.

Leur vie était simple comme leur foi. Le matin, avant l'aurore, ils se réunissaient pour prier Dieu, et lui demandaient de répandre sa lumière sur le monde, d'éclairer les esprits, de fortifier les cœurs et de protéger les malheureux ; ils menaient, dans le cours de la journée, une vie tout angélique, et le soir les retrouvait en prière. Leur conversation, empreinte de sentiments célestes, n'avait rien de dur, de blessant, de triste, ni de morose : elle respirait un air de gaieté grave et contenue.

Leurs prêtres, généralement pris parmi les vieillards, présidaient les réunions ; il leur était recommandé d'être tendres et compatissants, de se faire tout à tous. Cachés au fond des forêts ou dans les catacombes, quand la brutalité des persécuteurs redoublait de violence, ils élevaient leurs mains suppliantes vers le ciel et subissaient les

---

70. Les Chrétiens s'aimaient-ils les uns les autres ?
Comment vivaient-ils ?
Citez leurs œuvres de charité.

tourments sans se révolter contre leurs oppresseurs. Si un esclave embrassait leur religion, on le traitait comme un égal, par cette considération que lui aussi avait été racheté par le sang de Jésus-Christ.

Au milieu de la corruption générale qui les environnait, ils conservaient leurs mœurs pures; la chasteté était en honneur chez eux, et plusieurs chrétiennes furent reconnues comme telles à leur modestie. Les jeunes filles qui se consacraient à Dieu par le vœu de virginité préféraient expirer au milieu des tourments plutôt que de laisser flétrir leur innocence.

Mais là ne se bornait pas la vie des chrétiens : leur action se faisait sentir à l'extérieur. Recueillir les enfants abandonnés, secourir les malheureux, nourrir les pauvres, soigner les malades sans distinction de rang ni de croyance, telle était leur occupation. L'Église essuyait encore d'une main ses plaies sanglantes que déjà elle avait fondé des hôpitaux, des hospices, des salles d'asile (brephotrophia), et qu'elle remplissait l'univers de ses bienfaits : les lois s'améliorèrent, l'esclavage se réduisit, l'inégalité des conditions disparut; le bonheur revint sur la terre d'où il avait été banni. Ce bonheur aurait duré plus longtemps, si les hérésies n'avaient jeté la division au milieu d'une société si bien organisée pour la paix.

---

## CHAPITRE XII

### DE LA MORT DE LICINIUS A LA CONVERSION DE CLOVIS (324-496.) — LES INVASIONS

**71.** Constantin, demeuré seul après la mort de ses concurrents, partagea son empire entre ses trois fils et ses

---

71. Quel fut le partage de l'Empire à la mort de Constantin?
Quels furent les ennemis qu'eut à combattre Constance II?
Que savez-vous de Julien l'Apostat?

deux neveux. Le peuple et les soldats ne voulurent accepter que Constance II, Constant I<sup>er</sup> et Constantin II, et, trois ans après (340), par la mort de Constantin II, l'empire ne reconnut plus que deux maîtres. Constance II eut à se défendre contre les Perses qui, sous le gouvernement de Sapor II, avaient repris l'esprit guerrier qui avait animé leurs pères sous Cyrus. Cette lutte pénible dura dix ans; l'empire, déchiré par l'hérésie arienne qui niait la divinité du Verbe, n'avait pas assez d'unité pour obtenir des succès. Cette malheureuse querelle théologique fit plus de mal aux premiers princes chrétiens que n'eût fait une guerre, parce qu'elle paralysait toutes les forces de l'État.

Julien l'Apostat augmenta encore le désordre en voulant rétablir le paganisme. Il exclut les chrétiens des écoles et leur fit une guerre continuelle par la moquerie et le sarcasme. Dans l'intention de fausser une des prophéties du Sauveur, il entreprit de rebâtir le Temple de Jérusalem ; mais les ouvriers avaient à peine déblayé les fondations qu'il sortit de terre des flammes et des globes de feu qui les empêchèrent de mettre les premières assises, en sorte que la prophétie « *Il n'en restera pas pierre sur pierre* » n'en fut que mieux réalisée. Julien fut blessé dans une guerre contre les Perses ; voyant le sang sortir à flots de sa blessure, il le recueillit dans sa main, le lança vers le ciel en s'écriant : « *Tu as vaincu, Galiléen,* » et il expira.

**72.** L'extrême Orient n'était guère plus tranquille que l'Occident : le monde entier paraissait être sous les armes. La Chine, établie fortement, gouvernée par des princes sages et soumise à une législation douce, avait atteint un haut degré de prospérité; l'agriculture y était florissante, les lettres y recevaient de puissants encouragements, et il semblait que l'empire fût plutôt une famille qu'une agglomération de particuliers. Cette richesse et ce bonheur tentèrent l'avidité des tribus barbares qui er-

---

72. Quelle était alors la situation de la Chine?

Quel fut le sort des Gètes et des Huns?

Quelles furent les diverses invasions qui inondèrent l'Empire romain?

raient dans les déserts de la Tartarie, et la guerre se perpétua sur les frontières de la Chine.

L'an 134 avant Jésus-Christ, les Hioung-nou (les Huns), sous la conduite de Lao-Chan, se ruèrent sur les Youeï-tchi (les Gètes), qui habitaient les confins de la Chine. Après plusieurs batailles sanglantes, les Youeï eurent le dessous ; Lao-chan détruisit leur royaume, tua leur chef, fit de sa tête un vase à boire qu'il portait suspendu à sa ceinture, et chassa leur nation comme un timide troupeau. Bannis de leur patrie par la violence, les Gètes escaladèrent les montagnes du Thibet et portèrent le trouble et le massacre dans le royaume fondé par les successeurs d'Alexandre.

L'an 48 de Jésus-Christ, les Huns, chassés à leur tour par les armées chinoises, furent contraints d'évacuer leur pays et vinrent par bandes innombrables occuper les contrées à moitié désertes qui s'étendent au nord de la mer Caspienne ; ils furent longtemps désignés sous le nom générique de Scythes, comme les Gètes l'avaient été sous celui d'Indo-Scythes.

Ces peuplades barbares, multipliées outre mesure, commencèrent leurs incursions l'an 375. Ils envahirent d'abord le pays des Alains, poussèrent ces peuples nomades dans la Circassie, refoulèrent les Goths vers le Nord, puis chassèrent devant eux les Suèves, les Gépides et les Vandales : toutes ces hordes, se grossissant dans leur marche, devinrent comme un torrent qui inonda l'empire romain tout entier.

**73.** Les descendants de l'ancienne Rome virent avec terreur ces multitudes de Barbares se ruer à la fois sur l'empire. Parmi ces envahisseurs, poussés par la justice divine pour punir Rome de ses forfaits, les uns étaient grands, à la chevelure blonde, à la physionomie à la fois douce et fière ; les autres, petits et bruns, portaient de longs cheveux frottés de beurre aigre, et montaient des chevaux chétifs, mais rapides comme l'éclair. Toutes ces tribus va-

---

73. Que savez-vous des mœurs de ces envahisseurs ?
Comment les Huns et leur chef vivaient-ils ?

gabondes, sans patrie, sans domicile fixe, poussaient au hasard leurs lourds chariots, et, quand leurs bêtes avaient consommé les herbages, ils s'avançaient plus loin, vers le Midi.

Mais, de toutes ces peuplades, aucune n'était aussi effroyable que les Huns. Un teint jaunâtre, un visage proéminent, de petits yeux noirs, un nez écrasé, une tête blême enfoncée dans un long bonnet de peau, peu de barbe, un langage dur et criard, un air farouche, des habitudes étranges en faisaient l'objet d'une terreur universelle. Quand Attila se fut mis à la tête d'une pareille horde, il parut véritablement être le *fléau de Dieu*.

Sa capitale était une espèce de grande bergerie en bois assise sur les bords du Danube; il habitait une misérable hutte, bâtie de planches; sa table, couverte de plats et de mets grossiers, contrastait avec le luxe de son entourage, à qui il abandonnait dédaigneusement la vaisselle d'or et d'argent prise au sac des villes. C'est là qu'assis sur une chaise de bois, ce fier conquérant recevait les princes et les ambassadeurs des plus puissantes cités.

**74.** Jamais on ne vit d'une manière plus distincte que le sort des empires est entre les mains de Dieu. Il laisse à l'homme sa liberté; mais quand celui-ci en abuse, qu'il méconnaît le droit, viole la justice et arrive à ne plus croire qu'à sa propre prudence, Dieu lâche tout à coup un vengeur qui le punit. On ne saurait assez admirer cette disposition du Tout-Puissant contre Rome : « *L'étoile tombe*, disait Attila, *la terre tremble devant moi, je suis le fléau de l'univers.* » Dans le même temps, Genséric se confie à la mer sans but, sans destination fixe : « *Maitre*, lui demande le pilote, *à quels peuples veux-tu porter la guerre ?* » — « *A ceux-là*, répond le vieux roi, *contre qui Dieu est irrité.* » Alaric, roi des Visigoths, marche sur Rome; un ermite l'exhorte à rebrousser chemin. « *Je ne*

---

74. Montrez le doigt de Dieu dans ces invasions.
Citez les pays dévastés par les barbares.
Quel personnage arrête Attila aux portes de Rome ?
Quel fut le premier roi chrétien de France ?

*puis m'arrêter*, répond le Barbare, *quelqu'un me pousse et m'ordonne de saccager Rome.* » Et comme on lui représente qu'il aura de nombreux citoyens à combattre : « *Tant mieux, s'écrie-t-il, l'herbe serrée se fauche plus facilement.* » Ces divers passages montrent suffisamment que ces hordes barbares n'étaient que les instruments de la vengeance céleste.

Les Vandales dévastent l'Espagne et l'Afrique ; les Visigoths ravagent l'Italie ; les Ostrogoths envahissent l'Illyrie et la Thrace ; les Huns font un désert du Nord de la Gaule, et, après avoir été vaincus par Aëtius, se jettent sur l'Italie comme sur une proie, et y commettent mille horreurs ; Dieu les arrête aux portes de Rome, à la voix de son ministre saint Léon-le-Grand. L'Empire Romain se divise par lambeaux ; sa dernière colonie, la Grande-Bretagne, lui échappe complétement en 491.

De ses débris naissent les royaumes modernes. La Gaule, subjuguée par les Francs, voit son cinquième monarque, Clovis, embrasser la religion chrétienne après la bataille de Tolbiac, et cette nation, par son attachement à l'Église et l'éclat de ses docteurs, mérite le nom de fille aînée de l'Église romaine (496.)

## CHAPITRE XIII

### DE LA CONVERSION DE CLOVIS A L'AVÉNEMENT DE PÉPIN (496-752.)

**75.** Une fois converti, Clovis se servit de la religion pour agrandir ses États. Ce spécieux prétexte lui fournit

75. A quels rois Clovis fit-il la guerre ?

Citez les réformes et les succès qui illustrèrent le règne de Justinien.

Nommez le peuple qui fit la conquête du nord de l'Italie.

l'occasion de déclarer la guerré à Gondebaud, roi des Bourguignons, et à Alaric II, roi des Visigoths; et si les Ostrogoths d'Italie n'étaient venus au secours de leurs frères du midi de la France, Clovis aurait étendu sa domination jusqu'aux Pyrénées et à la Méditerranée. Mais, après lui, ses États furent partagés, et la France devint le théâtre d'assassinats et de trahisons qui, après avoir duré un siècle entier, se renouvelèrent avec violence sous Frédégonde et Brunehaut.

Établi à Constantinople, l'empire d'Orient, qui s'était soutenu sans beaucoup de gloire, brille un instant d'un éclat véritable sous Justinien (527-565). Les lois sont révisées et réunies en recueil; l'administration subit d'importantes réformes; les troupes, sous la conduite du fameux Bélisaire et de l'eunuque Narsès, arrêtent les Perses, ravissent aux Vandales les provinces d'Afrique], subjuguent la Sardaigne, la Corse, une partie de l'Espagne, la Sicile et l'Italie elle-même.

A peine délivrée des armées de Bélisaire, cette dernière contrée se vit encore déchirée par la guerre. Les Lombards, descendus de la Germanie à la suite de leur chef Alboin, s'abattent sur les plus riches provinces de l'Italie, et font la conquête du pays arrosé par le Pô. Ils y établissent et fondent le royaume de Lombardie, qui dura jusqu'à Charlemagne.

**76.** La plus grande figure de cette époque est le pape Grégoire Ier, que ses contemporains ont surnommé le Grand. Issu de famille sénatoriale, il renonça aux honneurs auxquels il pouvait aspirer, et embrassa la pauvreté évangélique. Réformer les abus, composer la liturgie, évangéliser l'Orient et l'Occident jusqu'à la Grande-Bretagne; ériger des maisons de retraite pour les orphelins et les malheureux, fonder des écoles publiques; arrêter les dissensions, prendre sur l'Europe barbare et civilisée une autorité incontestable : telle fut l'œuvre de ce grand pape; et, pendant que l'empire, affaissé sous son propre poids, s'anéantissait de plus en plus, lui seul relevait le nom et l'influence de Rome.

---

76. Citez les principaux actes de Grégoire-le-Grand.

**77.** Il venait de mourir (604)), quand surgit tout à coup, du milieu des sables brûlants de l'Arabie, un homme qui devait jouer en Orient un rôle considérable : il s'appelait Mahomet. Né en 570, il était demeuré quarante ans inconnu et silencieux. Placé par un riche mariage dans une condition indépendante, il eut l'idée de fonder une religion à l'exemple de Moïse et de Jésus-Christ. Il prétendit avoir des entretiens mystérieux avec l'archange Gabriel, et il en persuada sa femme et ses domestiques ; les attaques d'épilepsie auxquelles il était sujet confirmaient ses paroles. Les magistrats de la Mecque, effrayés de ces innovations, chassèrent de leur ville le prophète, qui s'enfuit à Médine ; de cette époque (hedschra, hégire ou fuite, 15 juillet 622) date l'ère musulmane.

Confus et mécontent de cet outrage, Mahomet se mit à piller les caravanes, et fut bientôt en état d'attaquer les villes qui lui résistaient. Il fit tomber sa colère sur la Mecque, dont il contraignit les habitants à embrasser la nouvelle religion. Son autorité rayonna dans toute l'Arabie, et ceux qui refusèrent de se faire mahométans furent impitoyablement massacrés. « Chaque homme envoyé de Dieu a son caractère, disait-il ; Jésus a triomphé par la douceur, et moi je triompherai par la force. » Il inculqua fortement ce principe dans l'esprit de ses sectateurs, et ouvrit pour le genre humain une période sanglante. A ceux qui l'écoutaient, il promettait un paradis dont les joies sensuelles et voluptueuses faisaient toutes les délices; ceux qui lui résistaient étaient mis à mort. Il mourut, dit-on, empoisonné (632).

Ses enseignements écrits forment le Coran, bizarre tissu de vérités empruntées au judaïsme et au christianisme, de rêveries et de sentences morales, qui eut chez les musulmans autant d'autorité que l'Évangile chez les chrétiens.

---

77. Que savez-vous de la vie de Mahomet?
De quelle année date l'ère musulmane?
Comment Mahomet fit-il adopter sa religion?
Qu'est-ce que le Coran?

**78.** L'esprit envahisseur qui avait animé Mahomet s'empare des croyants avec un redoublement d'ardeur; Abou-Bèkre, père d'une des femmes du prophète, remplit les fonctions de calife : la guerre sainte est prêchée. Khaleb soumet les rebelles d'Arabie, se précipite sur la Perse, tandis qu'Abou-Obeidah entreprend de subjuguer les Grecs; la Syrie tombe entre leurs mains, et Jérusalem voit s'élever dans son enceinte la mosquée d'Omar. Rien n'arrête leurs succès : Amrou se lance à la conquête de l'Égypte et s'empare de tout le pays sans livrer une seule bataille sérieuse. Alexandrie donna en vain l'exemple de la résistance; elle ne trouva pas d'imitateurs; quand le farouche musulman fut entré dans ses murs, il brûla la riche bibliothèque des Ptolémées en prononçant ces paroles demeurées proverbiales : « *Si tous ces livres ressemblent au Coran, ils sont inutiles; s'ils en diffèrent, ils sont nuisibles.* »

Tant d'exploits ne peuvent arrêter les convoitises des musulmans : Chypre et Rhodes tombent en leur pouvoir; le littoral de l'Afrique se plie à leur joug; les Indes leur paient de riches tributs; l'Espagne devient une de leurs provinces; ils franchissent les Pyrénées et s'emparent du midi de la France : Charles Martel les écrase à la bataille de Poitiers, et met par cette victoire un terme à leur ambition (712).

Ce Charles Martel n'était pas un roi, quoiqu'il en eût la puissance; il appartenait à cette catégorie de régents connus sous le nom de *Maires du Palais*, et qui gouvernaient à la place des rois fainéants, avec lesquels s'éteignit dans l'abaissement la dynastie mérovingienne (753).

---

78. Quels furent les succès des musulmans?
Par qui fut brûlée la bibliothèque d'Alexandrie?
Où Charles Martel mit-il un terme aux exploits des Sarrasins ?
Qu'appelez-vous Maires du Palais?

# CHAPITRE XIV

## DE L'AVÉNEMENT DE PÉPIN A LA CHUTE DE LA DYNASTIE CARLOVINGIENNE (752-987.)

**79.** A son avénement au trône, Pépin vit bien qu'il n'y avait pour lui qu'un moyen d'affermir sur sa tête la couronne qu'il venait d'obtenir : c'était de frapper l'imagination par de hauts faits d'armes. L'occasion lui en fut fournie à la fois par les Saxons dans le nord, les Sarrasins ou Musulmans dans le midi, les Lombards en Italie, avec lesquels il entra successivement en lutte. De toutes ces guerres, aucune ne lui fut plus profitable que celle contre les Lombards, auxquels il parvint à enlever une partie de leurs conquêtes pour les donner au pape qu'ils voulaient dépouiller : ce fut l'origine des États pontificaux. Par cette action, Pépin acquit une influence d'autant plus forte que le Pape et le clergé s'attachèrent à lui avec plus de reconnaissance. L'Aquitaine lui donna plus de peine et moins de profit. Il ne put se flatter à sa mort de l'avoir domptée et la lutte avec ce pays continua pendant les premières années du règne de Charlemagne.

**80.** Ce prince, le plus grand peut-être qui ait régné sur la France, fut, pour ainsi dire, constamment en guerre; on compte cinquante-trois expéditions militaires auxquelles il prit part. La guerre contre les Saxons fut la plus rude :

79. Comment Pépin acquit-il de l'influence ?
Quelle fut l'origine des États pontificaux ?
80. Quelles furent les expéditions de Charlemagne?
Citez le calife avec lequel il vécut en bons termes.
Que fit Charlemagne pour les lettres?
Comment l'intérieur de son empire était-il organisé?
Qu'appelez-vous missi dominici?
La prospérité de l'empire de Charlemagne dura-t-elle longtemps?

elle paraissait à peine éteinte qu'elle se rallumait par l'ardeur de l'intrépide Witikind. Refouler la barbarie, les Saxons au Nord, les Sarrasins et les Lombards au midi, telle fut l'œuvre de ce grand potentat. Il détruisit complétement le royaume des Lombards et affaiblit considérablement les deux autres.

Couronné empereur d'Occident (800), il rétablit après un intervalle de trois cent vingt-quatre ans cet empire dont le nom paraissait encore si glorieux. L'influence de Charlemagne traversa la mer et alla frapper au fond de l'Orient, au milieu de ses conquêtes et au faîte de sa gloire, le calife Haroun-al-Raschild, et ces deux grands hommes s'envoyèrent mutuellement des ambassadeurs.

La soif des conquêtes n'empêcha pas Charlemagne de songer à l'organisation intérieure de son empire. La littérature, puissamment encouragée, tendit à refleurir, et la poésie, depuis longtemps négligée, s'essaya dans les idiomes particuliers. Le contact des Arabes ne fut pas étranger à ce réveil des esprits. Ils avaient une langue souple, abondante et riche, une imagination brillante, et chaque festin, chaque réunion était chez eux le prétexte et le sujet de nouvelles poésies. Le gouvernement éclairé d'Haroun-al-Raschild avait donné une impulsion décidée aux lettres, et l'Espagne, bien qu'isolée du gouvernement de Bagdad, en ressentait l'influence.

Le midi de la France préludait timidement à la *chanson de Geste*, qui devait être, sous le règne suivant, le point de départ d'une civilisation nouvelle ; et, quoique ces œuvres poétiques aient été composées sous les successeurs de Charlemagne, on ne peut nier cependant que les encouragements donnés aux lettres par ce prince n'aient provoqué leur éclosion. Sous son règne, la brigue fut pour ainsi dire inconnue et le mérite seul devint le fondement des honneurs et de la fortune. Simple dans ses vêtements, sobre dans sa nourriture, n'accordant au sommeil qu'un temps fort restreint, il gérait lui-même ses affaires, et ses *Capitulaires* montrent qu'il ne négligeait aucun détail. Comme il ne pouvait inspecter en personne ses vastes États, il avait créé, sous le nom de *missi dominici*, une série de fonctionnaires chargés de surveiller chaque province de son empire. Malheureusement son successeur, en proie à d'amers chagrins domestiques, ne fut pas à la hauteur de sa tâche ; l'empire tomba dans la confusion et fut divisé sous Charles-le-Chauve, à la suite de la bataille de Fontenai (841).

**81.** Un ennemi aussi redoutable que l'avaient été les Sarrasins, les Normands, parut alors sur les côtes de France. Nés sous un climat rigide, élevés dans une religion qui ne vantait que les vertus guerrières, accoutumés à une vie de fatigue, tout chez eux, au moral comme au physique, tendait à les rendre guerriers. Comme leurs régions froides et incultes ne pouvaient nourrir un grand nombre d'habitants, il était nécessaire que la population se fît pillarde et même qu'elle envoyât ses nombreux essaims peupler d'autres contrées. Accoutumés à la mer, ces hardis navigateurs s'étaient déjà montrés plusieurs fois en Angleterre et en France.

Après avoir pillé les villages bâtis sur les côtes, ils ne tardèrent pas à remonter les fleuves, et, quand on se réunissait pour les attaquer, ils fuyaient sur leurs bateaux et prenaient la haute mer. L'incurie ou la faiblesse des successeurs de Charlemagne les rendit plus audacieux : Nantes, Tours, Bordeaux et Rouen devinrent successivement leur proie ; Paris même fut témoin de leur violence. Pendant près d'un siècle, ils furent l'objet d'une terreur générale, et ce ne fut qu'après leur avoir cédé une partie de la Neustrie (aujourd'hui la Normandie), que la France put respirer (911).

C'est à cette époque de notre histoire que remonte la féodalité, dont l'institution fut un bienfait. Comme les souverains, faibles ou incapables, ne pouvaient pas toujours faire respecter les droits de leurs sujets, ceux-ci s'unirent entre eux ; les plus puissants donnèrent des terres à leurs

---

81. Que savez-vous des coutumes des Normands ?
Où s'établirent-ils ?
Qu'entendez-vous par la féodalité ?
Quels furent les inconvénients des forteresses ?

vassaux, moyennant certaines redevances et avec promesse
de les défendre, ; les vassaux jouissaient de ces terres à la
condition de se reconnaître dépendants de leur suzerain
et de lui prêter main-forte. Les invasions normandes, en
faisant à chaque suzerain un devoir de se battre pour
éviter le pillage, donnèrent occasion d'élever sur tout le
territoire une multitude de forteresses, petites ou grandes,
destinées à arrêter l'ennemi.

Ces forteresses, un moment la sauvegarde du pays, en
devinrent le fléau quand une crainte commune eut cessé
de réunir ces petits souverains; ils s'attaquèrent les uns
les autres, et la guerre fut en quelque sorte continuelle
dans toute la France.

**82.** Voici quel était, à la fin du neuvième siècle, l'état
du monde : En France, la dynastie carlovingienne est
affaiblie par l'invasion des Normands et l'organisation de
la féodalité. L'Angleterre s'honore du nom d'Alfred, monarque rempli de sagesse. Par la destruction du royaume
des Lombards, les papes sont les princes les plus in-
fluents de l'Italie. L'Allemagne, démembrée de l'Empire
d'Occident, se constitue péniblement et attend avec impatience que la maison de Souabe vienne diriger son
élan. L'Espagne est aux mains des Musulmans, qui
dominent depuis la Perse jusqu'aux confins occidentaux
de l'Afrique. Le Bas-Empire, avec ses princes philosophes,
s'occupe plus de querelles théologiques que du soin de
sa défense. La Russie existe à peine de nom; en grande
partie déserte, elle vit isolée, sans gouvernement fixe, et
n'est habitée que par des tribus scythes ou slaves. La Tartarie, épuisée par les avalanches d'hommes qu'elle a lan-
cées sur l'Europe, se repeuple. La Chine, jusque-là florissante, est minée par les sociétés secrètes ; la dynastie des
Tang y disparaît après trois siècles de prospérité, et
au commencement du dixième, dans l'espace de cin-

---

82. Donnez-nous une idée de l'état du monde à la fin du
neuvième siècle?

Que se passe-t-il au dixième siècle?

quante ans, cinq dynasties s'élèvent et tombent dans des flots de sang.

Le dixième siècle, qui voit le désordre se mettre parmi les Musulmans d'Asie, l'empoisonnement et l'assassinat passés à l'état d'habitude à Constantinople, la décadence de la dynastie carlovingienne en France, contemple en même temps la prospérité croissante de l'Allemagne sous le règne d'Othon-le-Grand, la direction intelligente que la reine Olga imprime à son petit royaume de Russie, les luttes de Swiatoslaw contre les puissantes peuplades établies au nord du Pont-Euxin, ses victoires sur les Bulgares, et, bientôt après, sur l'empereur Zimiscès, ainsi que la conversion des Polonais et des Danois.

# CHAPITRE XV

## DE L'AVÉNEMENT DES CAPÉTIENS A LA CHUTE DU DERNIER ÉTABLISSEMENT LATIN EN ORIENT (987-1291.)

**83.** La dynastie carlovingienne avait été inaugurée par des hommes d'une haute capacité, qui imposèrent par leurs exploits ; Hugues Capet et ses successeurs se présentent sous un tout autre aspect, et on serait tenté de les regarder plutôt comme les premiers des suzerains que comme des monarques proprement dits. La précaution qu'ils prirent

---

83. Quelle différence y a-t-il entre les premiers Carlovingiens et les premiers Capétiens ?

Qu'arriva-t-il de fâcheux sous le règne de Henri I<sup>er</sup> ?

Qu'est-ce que la Trêve de Dieu ?

de faire sacrer leurs successeurs de leur vivant est comme
un aveu tacite de cette faiblesse. Le pape Grégoire V, en
excommuniant Robert II à cause de son mariage avec
Berthe, sa cousine, affaiblit encore le peu de prestige qui
environnait le roi.

Une famine horrible, suivie d'une peste qui enleva des
multitudes entières, signale tristement le règne de Henri Ier;
la discorde causée par le malaise général ne laisse au
paysan aucun repos; il lui faut toujours être sous les
armes pour aider son suzerain.

Dans cette extrémité, l'Église intervint et prit énergi-
quement en main les droits du pauvre. La Trêve de Dieu
défendit, sous peine d'excommunication, de se livrer à
aucun acte d'hostilité depuis le mercredi soir jusqu'au
lundi matin, ainsi que pendant les jours de fête, le Carême
et l'Avent.

**84.** Emportés par leur humeur turbulente et le besoin
de voyager, les Normands avaient franchi la Méditerranée
et se distinguaient aux environs de Naples contre les
Sarrasins; la reconnaissance publique leur donne quelque
territoire. Leur exemple attire bon nombre de leurs com-
patriotes, et, unis ensemble, ils chassent les Grecs du
midi de l'Italie, les Sarrasins de l'île de Sicile, et guer-
roient au delà de l'Adriatique contre les Byzantins. Ceux
qui habitent encore la Normandie, aussi remuants que
leurs frères, revendiquent les armes à la main la couronne d'Angleterre; la victoire la leur donne à la bataille
de Hastings, et Guillaume, leur duc, devient roi d'Angleterre (1066.)

C'était alors comme l'âge héroïque de la chevalerie; on
ne voyait partout que des guerriers revêtus de fer et
cherchant du renom; les aventures des anciens paladins
échauffaient les imaginations; on regardait le repos
comme un état avilissant. Ce besoin de gloire poussa en
Espagne un grand nombre de chevaliers français sous la

---

84. Racontez les exploits des Normands en Italie et en Angleterre?

Quels étaient les goûts des chevaliers?

conduite de Henri de Bourgogne, et cette troupe de guerriers, qui n'avaient quitté leurs foyers que pour se battre, devinrent les fondateurs du royaume de Portugal.

85. L'Allemagne, dont l'esprit positif se laissait moins emporter aux exploits chevaleresques, surveillait de près l'Italie, y semait la discorde et parvenait souvent à dominer le pape lui-même. Cet état de choses changea brusquement quand le moine Hildebrand eut été élevé sur le siége de saint Pierre. Ce pape, connu sous le nom de Grégoire VII, a laissé dans l'histoire un grand souvenir. A son intronisation, l'Église était en proie aux dissensions, à la simonie, aux abus les plus criants; elle gémissait sous la main du pouvoir civil, qui s'immisçait dans les affaires ecclésiastiques et nommait souvent aux dignités des prêtres incapables. Grégoire VII s'en prit d'abord au clergé, qu'il réforma dans ses mœurs, malgré les cris et les menaces; ensuite il décréta que quiconque accepterait de la main d'un laïque un évêché, une abbaye ou une charge ecclésiastique, quelle qu'elle fût, serait excommunié avec le prince ou le seigneur qui lui donnerait l'investiture. Il brava intrépidement les haines les plus redoutables, s'opposa aux injustices et aux tyrannies, et excommunia le fantasque Henri IV, empereur d'Allemagne, sans que rien pût le faire fléchir ou dévier. Il mourut en exil (1085). Les dernières paroles qu'il prononça sont comme le résumé de toute sa vie : « *J'ai aimé la justice et haï l'iniquité, c'est pourquoi je meurs en exil.* »

86. Un ébranlement considérable se faisait en Europe et des nuées de chrétiens se disposaient à fondre sur l'Asie. Depuis la mort de Jésus-Christ, les Lieux Saints avaient été l'objet d'une vénération continue; à toutes

---

85. L'Allemagne imitait-elle la France dans ses goûts chevaleresques?

Comment appelez-vous le grand pape qui s'assit alors sur le siége de Saint-Pierre? — Quelles réformes opéra-t-il ?

86. Quelle fut l'origine des croisades?

L'armée des croisés était-elle bien organisée?

Quel fut le sort des croisés ?

les époques, de nombreux pèlerins avaient quitté leur patrie et étaient allés, à travers mille dangers, vénérer les lieux où s'étaient accomplis de si redoutables mystères. Ce pèlerinage avait perdu toute sécurité depuis que les Musulmans régnaient en maîtres dans la Palestine. Un moine, doué d'un puissant génie et animé d'une foi vive, alla visiter à son tour Jérusalem. Frappé de l'état de misère où étaient réduits les chrétiens de Palestine, il entreprit de les secourir. Le pape Urbain II l'encouragea dans son projet, et l'infatigable ermite parcourut l'Europe, prêchant la croisade. Sa parole émeut les âmes et les foules s'ébranlent derrière lui. Le concile de Clermont autorise la croisade, et ce cri : « *Dieu le veut !* » retentit dans toute la chrétienté.

Les chevaliers errants furent les premiers à presser le départ. La foule des croisés offrait un curieux spectacle. Des familles, des villages entiers partaient pour la Palestine, entraînant dans leur marche d'autres populations ; le froc côtoyait la cuirasse, l'opulence la misère ; des femmes marchaient avec les guerriers, et malheureusement l'inconduite se mêlait aux austérités de la pénitence. Cette multitude confuse avançait en désordre sans savoir où s'arrêter. Quand les croisés apercevaient une bourgade bâtie sur le flanc d'une colline, ils demandaient si ce n'était pas là Jérusalem. Plusieurs seigneurs, non moins ignorants, emmenaient en Asie leurs faucons et leur meute comme pour une chasse.

Dans l'impossibilité où ils étaient de maintenir l'ordre, ceux qui étaient à la tête de la croisade la divisèrent en trois corps ; le premier fut confié à un brave chevalier nommé Gauthier-sans-Avoir ; le second eut à sa tête le moine Gotschalk. Les deux bandes marchèrent isolément, pillant les villages et recrutant sur leur route d'autres pèlerins vagabonds. Ces aventuriers misérables périrent presque complètement avant d'avoir pu atteindre le but désiré. Le troisième corps dut à l'énergie de Godefroy de Bouillon et de ses compagnons d'armes d'arriver à Constantinople sans trop de désastres. La prise d'Antioche leur ouvrit la porte de Jérusalem, qui tomba en leur pouvoir après quarante jours de siége.

**87.** Ces exploits auraient illustré la première croisade, si la vengeance des chevaliers n'avait poursuivi les Musulmans, même après la victoire. Baudoin fut nommé roi d'Édesse ; le normand Bohémond, roi d'Antioche, et Godefroy, roi de Jérusalem ; mais ne voulant pas porter ce titre sur une terre témoin des humiliations du Christ, Godefroy se contenta du nom modeste de baron du Saint-Sépulcre. Encore ce titre sans éclat lui fut-il disputé avec acharnement par les infidèles, qu'il terrassa dans les plaines d'Ascalon.

Non content de conquérir, il voulut civiliser son royaume. Il publia, sous le nom d'Assises de Jérusalem, un recueil de jurisprudence approprié à la situation mixte de ses États, et tout faisait présager une ère de gloire et de prospérité pour la chrétienté, quand ce vaillant homme expira, victime d'un empoisonnement probable, à l'âge de quarante ans. Son frère Baudoin, prince d'Édesse, lui succéda à Jérusalem.

Cette première croisade avait eu lieu sans le concours des souverains ; bientôt les rois de l'Europe, entraînés par le mouvement, s'adonnèrent à ces expéditions lointaines. Des ordres religieux militaires, les templiers, les hospitaliers, les teutoniques furent fondés pour défendre les Lieux Saints, ou soigner les pèlerins ; mais presque toutes ces croisades échouèrent par la rivalité de leurs chefs, le mauvais vouloir de la cour de Constantinople et la résistance des Musulmans. Sous la conduite de l'intrépide Saladin, les infidèles accomplirent des prodiges de bravoure qui ne furent égalés que par ceux de Richard Cœur-de-Lion. Les croisés ne réussirent que contre Constantinople, dont ils avaient à se plaindre ; ils renversèrent l'empire grec, et mirent le comte Baudoin sur le trône de Constantin ; le

---

87. Comment les croisés usèrent-ils de la victoire ?
Qu'appelez-vous Assises de Jérusalem ?
Quelle fut la suite des croisades ?
Par qui les ordres militaires furent-ils trahis ?

dernier des croisés, saint Louis, fut fait prisonnier en Égypte et mourut de la peste à Tunis.

Les établissements chrétiens en Palestine, de plus en plus défaillants, malgré la bravoure des templiers et des teutoniques lâchement trahis par le roi de Chypre Henri II, reçurent le dernier coup au siége de Saint-Jean d'Acre. Les chevaliers y périrent assassinés; la ville fut brûlée, et la Palestine retomba sous le joug de l'islamisme.

**88.** Les croisades, quoique malheureuses dans leur ensemble, eurent cependant d'heureuses conséquences. Non-seulement elles affaiblirent la puissance musulmane, mais encore elles restreignirent les prétentions de la féodalité, firent marcher l'Europe dans la voie du progrès en étendant les connaissances, et préparèrent l'affranchissement des communes. Sans les croisades, l'Occident aurait peut-être végété longtemps dans un servilisme honteux.

Cette inquiétude qui avait poussé les croisés vers les rivages de l'Asie les tourmenta encore à leur retour; après les ordres militaires, on vit s'élever une milice sacrée qui, sous le nom de franciscains, de dominicains ou de carmes, fit une guerre terrible aux hérétiques. L'élément guerrier seconda leurs efforts : les Albigeois, les Maures d'Espagne et les Slaves éprouvèrent tour à tour l'ardeur souvent excessive de leur zèle.

**89.** L'Asie orientale était travaillée d'un mal analogue. Gengis-Khan, naguère petit chef de quelques hordes errantes, subjugua ses voisins et, reconnu chef des Mongols, leur donna la terre à dévaster. La Chine attire d'abord ses regards; il la ravage jusqu'au Fleuve Jaune, traverse l'Asie centrale, ruine la Transoxiane, le Khoraçan

---

**88.** Montrez quels furent les avantages des croisades?

Citez les ordres religieux qui exercèrent une certaine influence à cette époque?

**89.** Que savez-vous de Gengis-khan ?

Comment les Mongols comptaient-ils le nombre de leurs morts sur le champ de bataille ?

Citez les paroles de saint Louis à l'occasion des Tartares Mongols?

Quel fut le sort de la Hongrie?

et la Perse, pénètre en Géorgie, attaque les Bulgares sur la rive du Volga et fait trembler sur son trône l'empereur Jean Ducas. La mort le surprit au milieu de ses conquêtes ; mais ses lieutenants, emportés par leur humeur belliqueuse, inondèrent la Russie de sang humain, poussèrent jusqu'en Pologne, et apparurent frémissants sur les frontières de la Bohême.

Winceslas, qui en était roi, les vit approcher avec terreur ; la renommée publiait sur ces conquérants les histoires les plus épouvantables ; et ces rapports, tout exagérés qu'ils paraissent, étaient encore au-dessous de la réalité. La contrée qu'ils avaient envahie n'offrait bientôt plus que l'aspect d'un désert hérissé de ruines, et les plus grandes armées ne pouvaient les faire reculer. Pour compter les morts qu'ils laissaient sur le champ de bataille, ils avaient l'habitude de leur couper l'oreille droite : à la seule bataille de Lignitz, ces farouches conquérants en emplirent neuf grands sacs, et le nombre de celles qu'ils coupèrent en Russie s'éleva à plus de deux cent soixante-dix mille.

On comprend l'effroi que jetait leur présence. Le roi de Bohême et l'empereur Frédéric II, également menacés, envoyèrent des messagers à tous les princes chrétiens. La frayeur était grande même à la cour de France. « *Mon cher fils*, disait la reine Blanche à saint Louis, *que faut-il faire en de si tristes conjonctures ? — « Ma mère*, lui répondit le roi avec résignation, *soyons soutenus par cette consolation qui nous vient du ciel : s'ils arrivent, ces Tartares, ou nous les ferons rentrer dans le Tartare (l'enfer) d'où ils sont sortis, ou bien ils nous enverront nous-mêmes au ciel, où Dieu nous attend.* » Ces belles paroles, ajoute l'historien qui les rapporte, ranimèrent la confiance et le courage non-seulement de la noblesse de France, mais encore des peuples voisins.

Béla IV, roi de Hongrie, entreprit de leur résister ; ce ne fut que pour attirer sur son pays la ruine et la destruction. La Hongrie fut saccagée de la manière la plus brutale ; les rares habitants qui parvinrent à s'échapper se réfugièrent dans les forêts ; plusieurs villes furent complétement détruites. La mort du successeur de Gengis-Khan put seule mettre un terme à cette cruelle invasion.

**90.** Les États occidentaux de l'Europe, moins éprouvés, sont à eux-mêmes leur propre tourment. La France et l'Angleterre préludent à leurs longues guerres par la bataille de Bouvines. L'Italie, affranchie de la domination germanique, ne sait pas vivre en peuple libre ; c'est une perpétuelle variation d'hommes et de systèmes, une espèce d'anarchie où, sous les noms de Guelfes et de Gibelins, luttent les partisans de l'Église et ceux de la domination impériale. Les troubles de l'Allemagne favorisent l'affranchissement des villes et donnent naissance à la ligue Hanséatique, qui, sous le patronage de Hambourg et de Lubeck, imprima au commerce une vive impulsion. L'Espagne reprend du terrain sur les Arabes, qu'affaiblit considérablement la défaite de Tolosa. Les écoles fleurissent dans tout l'Occident, mais la science se borne trop à de stériles discussions théologiques. Une découverte importée d'Orient mérite une mention à part : c'est la poudre à canon, qui est appelée à changer la tactique de la guerre.

Les trouvères et les troubadours, poëtes errants et vagabonds, parcourent la France en chantant les exploits des preux ; l'Allemagne voit ses minnesingers faire des joutes poétiques à la cour d'Herman de Thuringe ; les autres nations ressentent également l'influence poétique. L'Italie était appelée à les surpasser toutes en produisant le Dante.

---

90. Quelle était la situation de l'Europe occidentale ?
Qu'appelez-vous ligue Hanséatique ?
Par qui la poésie fut-elle cultivée au treizième siècle ?

# CHAPITRE XVI

## DE LA CHUTE DES POSSESSIONS LATINES EN ORIENT A LA PRISE DE CONSTANTINOPLE (1291-1453.)

**91.** Avec Philippe-le-Bel commence en France une organisation plus équitable; mais on ne saurait trop flétrir le caractère et les actes de ce roi cupide. Le trésor, épuisé par les guerres de Flandre, était presque à sec. Dans le dessein de se procurer les fonds qui lui manquaient, Philippe-le-Bel mit le pied sur les priviléges du clergé, et préleva sur lui de lourds impôts. Le pape Boniface VIII protesta, et menaça de mettre le royaume en interdit si un pareil abus continuait. La bulle pontificale arriva falsifiée par les intrigues de Pierre Flotte, et le roi, irrité, la fit brûler par la main du bourreau. Pour fortifier son opposition, il convoqua une assemblée des États généraux, c'est-à-dire noblesse, clergé et bourgeoisie, et appela ainsi, dans une certaine mesure, la nation à se gouverner elle-même : c'était un grand pas vers une civilisation plus parfaite. Malheureusement le clergé fut intimidé au point d'abandonner son supérieur naturel pour gagner les bonnes grâces du roi. Cet appui rendit Philippe si arrogant, qu'après mille affronts, il osa faire souffleter le pape par un de ses envoyés.

Rien n'était sacré pour lui. Les templiers, qui avaient rendu de si grands services pendant l'époque des croisades, avaient, aux yeux de Philippe-le-Bel, le tort d'être riches. Ce roi avide les fit arrêter, torturer, mourir sur un

---

**91.** Quel changement Philippe-le-Bel apporte-t-il en France?
Comment se conduisit-il à l'égard de Boniface VIII?
Comment se conduisit-il à l'égard des Templiers?
Clément V avait-il la fermeté de Boniface VIII?

bûcher, comme coupables de crimes outrageant la religion et l'humanité. La vertu s'indigna de voir celui qui faisait souffleter le vicaire de Jésus-Christ prendre fait et cause pour la religion, dans l'affaire des templiers. Leur culpabilité ne fut jamais prouvée ; néanmoins l'ordre fut aboli par Clément V, et le roi s'empara d'une partie de leurs richesses. Ce même Clément V transféra le siége apostolique de Rome à Avignon, et commit tant de bassesses, que l'histoire oublierait son nom, si elle pouvait oublier le tort qu'il causa. Il mourut la même année que Philippe-le-Bel et le peuple vit dans leur mort rapide un effet de la colère divine (1314).

**92.** La France avait besoin de repos après toutes les exactions dont Philippe-le-Bel s'était rendu coupable. De ridicules procès de sorcellerie et d'hérésie l'inquiétèrent autant que la tyrannie de ce roi. Le Midi surtout eut à souffrir, par suite d'une irruption des Pastoureaux, que l'on croyait détruits depuis le règne de saint Louis. En 1320, ils sortirent subitement des ténèbres où ils étaient replongés, et ni la voix du Souverain Pontife, ni les efforts du clergé, ne purent arrêter leur marche.

Leur multitude déguenillée, précédée d'une croix en guise d'étendard, allait de château en château demandant l'aumône et recrutant dans sa marche les vagabonds de tous les pays. De mendiants ils se firent pillards, et cette horrible association, divisée en bandes, répandit le meurtre et la misère dans tout le Midi. On évalue à quarante mille le nombre de ceux qui traversèrent le Languedoc ; ils furent arrêtés, battus et saisis à l'embouchure du Rhône ; on les pendit aux arbres de la campagne tant que l'on eut des cordes, et c'était, dit un chroniqueur, un singulier spectacle qu'une forêt portant de tels fruits.

Les Juifs et les lépreux n'eurent guère un meilleur sort. Une peste donna occasion de les accuser d'avoir empoisonné

---

92. Que savez-vous des Pastoureaux ?
Comment furent-ils détruits ?
Pourquoi la persécution sévit-elle contre les Juifs et les lépreux ?
Quelles furent les réformes tentées par Philippe V ?

les fontaines et les puits, et on les égorgea par centaines.
En plusieurs endroits, on creusa des fosses profondes, et
l'on y jeta pêle-mêle juifs, lépreux, feu et fagots.

Au milieu de ces horreurs, Philippe V s'occupait du
bien de la France : il avait porté plusieurs ordonnances
sur le mode de rendre la justice, et il s'occupait d'établir
dans son royaume l'unité des poids et des mesures ; le
temps seul lui manqua pour accomplir cette importante
réforme.

93. La guerre de Cent Ans, inaugurée par les défaites
de l'Écluse et de Crécy, mit la France à deux doigts de sa
perte ; elle vit successivement son roi et son territoire passer entre les mains des ennemis, ce qui lui restait de
provinces pillé et dévasté par la Jacquerie, les Malandrins
et les Routiers, sa capitale au pouvoir des Maillotins, un
autre de ses rois frappé de folie, les Armagnacs et les
Bourguignons se disputant le pouvoir les armes à la main,
et les Cabochiens, ignoble ramas soudoyé par le duc de
Bourgogne, ne cherchant dans la guerre civile que la
liberté de mal faire. C'est la plus triste époque de notre
histoire, et si Dieu n'eût veillé sur la France, elle ne se
fût jamais relevée d'un abaissement si profond ; mais, afin
de montrer que la grandeur de notre pays était son
œuvre, la Providence alla chercher dans un village de
Lorraine une toute jeune fille, à qui elle donna mission
de chasser les Anglais et de rendre à la France son territoire envahi : ce fut l'œuvre de Jeanne d'Arc.

94. L'année même où Philippe-le-Bel méditait le procès des templiers, les Suisses recouvraient leur liberté. Le
despotisme féodal écrasait depuis longtemps ces bons
montagnards, qui avaient supporté les derniers maux
plutôt que d'en venir à une révolte ; mais en voyant qu'on
leur enlevait et leurs biens et l'honneur même de leurs

---

93. Quels furent les désordres qui accompagnèrent la guerre de
Cent Ans ?

Par qui la France fut-elle délivrée ?

94. Pourquoi les Suisses essayèrent-ils de se révolter ?

Comment recouvrèrent-ils leur liberté ?

familles, que la tyrannie de Gessler et de Laudenberg, agents autrichiens, ne connaissait plus de mesure, ils s'assemblèrent près du petit village de Grutli, dans une gorge encombrée de pins, et là ils complotèrent la liberté de leur pays. Les premiers, Verner, Arnold et Stauffacher jurèrent devant Dieu de venger la nation ou de mourir, de respecter les biens de leurs ennemis, mais de ne plus tolérer leur tyrannie.

Par un orgueil imprudent, Gessler, qui connaissait toute la haine que lui portaient les Suisses, voulut abattre leur fierté ; dans ce dessein, il fit placer son chapeau sur une perche devant laquelle il obligea les habitants à s'incliner comme devant un symbole du pouvoir. Un montagnard, nommé Guillaume Tell, refusa de saluer le chapeau et donna lui-même le signal de la révolte en tuant Gessler. Le jour de la rébellion n'était cependant pas arrivé ; il avait été fixé au premier janvier 1308, et le fait accompli par Guillaume Tell n'eut pas de conséquence immédiate ; mais, à peine l'année 1307 était-elle écoulée, que, par ruse ou par force, les Suisses s'emparèrent des châteaux. Laudenberg fut pris, et, en cette occasion, la grandeur d'âme des vainqueurs s'éleva jusqu'à l'héroïsme ; quoiqu'ils fussent irrités contre lui, ils se contentèrent de le conduire aux frontières, en lui faisant jurer de ne jamais remettre le pied dans le pays. Le soir, le sommet des montagnes s'illumina de feux de joie : la Suisse était libre.

**95.** Cette belle conduite des Suisses contraste avec le désordre qui éclate de toutes parts ; l'Église même se ressent de la barbarie de l'époque ; on voit en même temps deux papes, l'un à Rome, l'autre à Avignon ; le féroce Urbain VI, nommé par les Italiens, excommunie les cardinaux français, et, non content de cet exploit, fait torturer et mettre à mort cinq cardinaux italiens qui lui résistaient ; ce schisme honteux se perpétue malgré les efforts des conciles pour l'abolir ; la papauté en reçoit une flétrissure, et ce discrédit favorise le développement des hérésies.

---

95. L'Église était-elle en paix à cette époque ?

**96.** Ce siècle si troublé devait être témoin d'une invasion tartare qui rappelle celle de Gengis-Khan. Tamerlan, son chef, s'était élevé au pouvoir par son propre génie. Après avoir soumis la plus grande partie de l'Asie, il tourna ses regards vers l'Occident. Le Volga et la mer Caspienne furent les premiers témoins de sa bravoure, et il poussa ses incursions au cœur de la Russie et jusque dans la Hongrie ; l'Europe entière aurait été saccagée si le conquérant tartare n'eût préféré s'emparer des Indes à cause de leurs richesses exceptionnelles. Il ravagea toute la contrée qui s'étend de l'Indus jusqu'au Gange ; les villes les plus florissantes furent réduites en cendres, des milliers d'hommes furent massacrés ; les femmes et les enfants, menés en captivité, n'avançaient qu'au milieu des ruines de leur patrie, à travers des monceaux de cadavres. L'air, infecté par tant d'exhalaisons putrides, devint bientôt mortel aux vivants, et la peste s'en suivit.

L'armée tartare, forcée de changer de pays, se précipita sur la capitale de l'Indoustan, traînant derrière elle plus de cent mille esclaves. Contre toute attente, Dehly osa résister ; les Tartares, craignant que les captifs ne profitassent d'une bataille pour passer à l'ennemi, prirent le parti de les égorger, et, en moins d'une heure, cent mille cadavres encombrèrent les abords de la capitale. Delhy fut pris et livré aux horreurs du pillage.

L'hiver (1400) retint le conquérant dans ses États ; mais à peine le printemps s'était-il fait sentir qu'il conduisit son armée contre la Géorgie. Tiflis et les principales villes de ce pays furent inondées du sang de leurs habitants, et les chrétiens mis à mort sans pitié. Après avoir dévasté cette belle contrée, Tamerlan conduisit ses troupes contre un ennemi plus digne d'elles.

Le sultan Bajazet, enorgueilli de ses succès, croyait pouvoir traiter Tamerlan comme il traitait les Byzantins. Tamerlan se porta à sa rencontre, lui tua deux cent mille

---

96. Quelle fut la vie et quelles furent les conquêtes de Tamerlan ?

Comment traita-t-il Bajazet ?

hommes et le fit prisonnier ; mais, quoi qu'en disent certains historiens, il eut pour lui les plus grands égards.
Ce fier conquérant mourut en préparant une expédition
contre la Chine (1405). Il avait, pendant sa vie, entretenu
des relations amicales avec la France et l'Espagne.

**97.** C'était le moment pour l'empire de Constantinople,
de profiter du désordre qui régnait chez les Musulmans,
pour reprendre en Asie plusieurs des provinces chrétiennes qui lui avaient été enlevées. Bien défendues, elles
auraient protégé la capitale contre toute surprise; mais
depuis longtemps l'imbécillité était assise sur le trône du
Bas-Empire, et l'empereur Manuel II avait donné au monde
un spectacle inouï, en contraignant Philadelphie, une de
ses meilleurs places, à passer sous la puissance de Bajazet.
Comme cette ville, au lieu d'obéir, fermait ses portes aux
Musulmans, Manuel en fit le siége en règle, la prit d'assaut, et la remit aux mains du prince ottoman.

Il essaya néanmoins de faire meilleure contenance
après la mort de Bajazet; mais la désunion qui se mit
dans sa propre famille et la défiance dont la cour de
Constantinople était l'objet dans les royaumes d'Occident,
l'empêchèrent de rien entreprendre de sérieux. Il laissa
les Ottomans se remettre de leurs discordes intestines;
son successeur l'imita, et, sans les efforts du Hongrois
Jean Hunniade et ceux de l'Albanais Scanderbeg, les Musulmans auraient envahi le centre de l'Europe et dominé
l'Allemagne. Ces deux guerriers les arrêtèrent dans leur
marche. Constantinople, moins bien protégée, tomba
entre leurs mains après une énergique résistance; l'empereur Constantin XII fut tué sur la brèche. A la prise de
Constantinople (1453) commence l'histoire moderne.

---

97. Quels étaient les Empereurs de Constantinople ?
Par qui les Turcs furent-ils arrêtés ?
Quel fut le dernier Empereur de Constantinople ?

# CHAPITRE XVII

## ÉTAT DE LA CIVILISATION A LA PRISE
## DE CONSTANTINOPLE

**98.** Il est bon, avant d'entrer dans l'histoire moderne, de jeter un coup d'œil sur l'époque que nous venons de traverser, et d'étudier quelle était, au moment où nous sommes arrivés, la situation de la civilisation en Europe.

Au milieu du chaos général se dresse une grande figure, qui, s'élevant au-dessus des royaumes et des principautés, attire la première les regards : c'est l'Église. Quoique souvent attaquée et quelquefois blessée, elle remplit l'univers de ses bienfaits. Ses papes soutiennent le faible contre le fort, arrêtent la tyrannie et se montrent généralement dignes de leur mission céleste. Ses ordres religieux sont répandus dans le monde entier. Nous avons vu les templiers et les chevaliers teutoniques défendre le Saint Sépulcre, les hospitaliers soigner les pèlerins ; ces ordres, quelque glorieux qu'ils fussent, n'avaient cependant qu'une destination limitée ; il existait en Europe d'autres ordres plus grands et dont l'influence était plus générale.

Tandis que les uns, courbés sur de vieux manuscrits, les transcrivent à grand'peine pour les léguer aux siècles suivants, les autres défrichent un sol inculte et fondent des colonies dans des lieux auparavant inhabités. Des multitudes d'hommes de toutes conditions quittent le monde pour vivre dans la solitude ; des mœurs austères, un jeûne rigoureux, un silence quelquefois perpétuel, une obéissance passive les distinguent : uniquement occupés des choses de Dieu, ils mènent ici-bas une vie céleste.

---

98. Montrez la beauté de l'Église et des ordres religieux.

Quand leur nombre devient trop grand, la maison-mère détache plusieurs de ses enfants pour peupler d'autres déserts; les rochers même voient leurs cimes couronnées par les retraites des religieux. Les pauvres qui se présentent à l'entrée de ces monastères, le voyageur qui vient y frapper, reçoivent des secours de toute nature et l'hospitalité la plus généreuse.

**99.** Comme les besoins de l'humanité sont multiples, les règles des ordres religieux étaient différentes l'une de l'autre, suivant le but que se proposaient les fondateurs. A côté des ordres militaires, savants, prêcheurs ou contemplatifs, représentés par les templiers, les bénédictins, les dominicains ou franciscains et les carmes, s'élevaient: les antonistes, chargés de soigner les lépreux et ceux qui étaient atteints de l'horrible contagion nommée *feu Saint-Antoine*; les trinitaires, dont la mission était de racheter les captifs; enfin, des tiers-ordres, composés de personnes vivant dans le monde et affiliées à un des grands ordres religieux de l'Europe.

De ces divers ordres sortaient des hommes de génie qui, chargés de l'enseignement, attiraient autour de leur chaire d'innombrables élèves. Chaque nation chrétienne avait ses universités, et Paris voyait se presser dans son sein des étudiants de tous les points du monde; la lumière se répandait peu à peu, et le siècle de la Renaissance se préparait de loin.

Les arts, cultivés par les religieux, commençaient à se fixer; le goût s'épurait; l'architecture surtout entrait décidément dans la voie du progrès: les grosses colonnes, les murailles lourdes et massives faisaient place à des formes plus sveltes et plus gracieuses; les monuments religieux s'élevaient sur tous les points de l'Europe; la sculpture et la peinture les décoraient. On sent comme un travail interne dans toutes les parties qui sont du ressort de l'esprit humain.

---

99. Citez les principaux ordres religieux?
Quels hommes étaient chargés de l'enseignement?
L'architecture demeurait-elle stationnaire sans suivre le progrès?

**100.** Le même travail agitait les masses, préoccupées de leur liberté. L'affranchissement des communes avait été un événement remarquable ; mais, tout affranchies qu'elles étaient, elles ne savaient pas encore se constituer. A peine libres, les habitants s'assemblaient sur la place publique et nommaient leurs magistrats par voie d'acclamation ; ce pouvoir improvisé durait jusqu'à ce qu'une insurrection populaire l'eût renversé ; et il arrivait qu'après une semblable révolution, la commune restait sans chefs jusqu'au moment où la sécurité publique réclamait leur rétablissement. Les nombreux statuts qui liaient les gens de métier étaient un véritable embarras pour équilibrer la municipalité.

La noblesse, malgré le coup mortel que lui avait porté l'affranchissement des communes, essayait de maintenir ses châteaux dans l'état où ils étaient en pleine féodalité. Les écuyers, les pages et les damoiseaux entourent encore le châtelain, et, chaque jour, ils se livrent, sous les yeux des dames, à des joutes brillantes. Les tables couvertes de mets, les cheminées encombrées d'ustensiles de cuisine indiquent suffisamment la chère que l'on fait. Après le dîner, ce sont des jeux ou des récits chevaleresques ; souvent des musiciens ambulants viennent passer au château une journée entière, ou bien la chasse entraîne au dehors les châtelains et leurs équipages. Les jours et les semaines s'écoulent inutiles, mais joyeux.

**101.** Les découvertes deviennent plus nombreuses ; la houille commence à être utilisée ; Paris voit s'élever en face de Notre-Dame le premier pont de pierre bâti depuis les Romains ; la boussole permet aux navigateurs de ne plus craindre l'obscurité des nuits ; le papier remplace le parchemin ; l'eau-de-vie, distillée pour la première fois, fait passer son inventeur pour sorcier ; les lunettes rendent

---

100. Comment s'administraient les communes ?
Quelle était la vie des châtelains ?
101. Citez les principales découvertes.
Quelle réforme subit la législation ?
Quelle espèce de gens poursuivait-on à l'envi ?

la vue aux vieillards ; la chandelle est substituée à la graisse et à l'huile ; les cartes à jouer occupent les loisirs de l'hiver : afin de les rendre plus attrayantes, on leur donne des noms historiques ; le chapeau détrône le bonnet et le chaperon.

La législation s'épure ; les rois se réservent plusieurs cas difficiles ou sujets aux abus ; afin de laisser à la surexcitation le temps de se calmer, une loi établit qu'un intervalle de quarante jours existera entre l'injure et la vengeance. Les combats judiciaires sont interdits, ainsi que le duel ; les grands crimes sont punis par la potence ; les autres, selon leur gravité, emportent la perte d'une oreille, des yeux, d'un pied ou d'une main, ou simplement une amende pécuniaire.

La peine la plus grave était souvent décrétée contre de pauvres gens dont tout le crime était de passer pour sorciers. On ne parlait d'un bout du monde à l'autre que de sabbats, où, à la lueur d'une lune ensanglantée et à celle des feux follets, les sorciers se réunissaient pour renier Dieu et se donner au démon. Survenait-il une épidémie, on s'en prenait aussitôt aux malheureux sorciers, et les bûchers s'allumaient de toutes parts. Ils partageaient avec les lépreux et les Juifs l'indignation générale. Tous les autres abus cédaient devant une raison plus éclairée ; celui-ci, plus vivace, dura encore près de deux siècles.

---

## CHAPITRE XVIII

### DE LA PRISE DE CONSTANTINOPLE A L'ABDICATION DE CHARLES-QUINT (1453-1556.)

**102.** Mahomet ne se contenta pas de la prise de Constantinople, il entreprit la conquête de l'empire d'Orient

---

102 Les États européens s'opposèrent-ils suffisamment aux progrès des Turcs ?

Pourquoi ne résistèrent-ils pas davantage ?

tout entier. La mort de Scanderberg le met en possession de l'Albanie; la Morée et l'île d'Eubée reçoivent ses lois; ses armées occupent le Frioul, et tiennent garnison à Otrante d'où elles menacent l'Italie; les Occidentaux, occupés de mesquines querelles ou dominés par la peur, ne se concertent pas pour le repousser. Si les séditions des janissaires n'étaient survenues, aggravées par des jalousies de famille, les successeurs de Mahomet II auraient pu consolider et agrandir leur empire sans difficulté : la France, à peine sortie de la guerre de Cent Ans, ne peut intervenir; l'Angleterre est déchirée par la guerre des Deux Roses; l'Allemagne, mal gouvernée par un prince indolent, Frédéric III, voit ses forces vitales se consumer en pure perte; l'Espagne seule déploie contre les Musulmans qui occupent son pays une grande énergie et parvient à les chasser de son territoire; mais à peine cet exploit est-il consommé, que les factions se déchaînent et troublent le royaume de Castille.

**103.** Ces désordres n'empêchèrent pas cependant Ferdinand-le-Catholique de se lancer dans la voie des découvertes, où les Portugais l'avaient devancé en doublant le cap de Bonne-Espérance, en établissant des comptoirs au Sénégal, sur les côtes d'Afrique, et en ouvrant un commerce actif avec les Indes. Le Génois Christophe Colomb, repoussé de son pays, mal apprécié du reste de l'Europe, trouva une protectrice éclairée dans la reine d'Espagne Isabelle; elle équipa trois petits bâtiments, et Colomb, monté sur cette frêle escadre, se lança le premier à travers l'Océan. La navigation fut pénible; l'impatience de l'équipage frôla plusieurs fois la révolte; et ce ne fut qu'au prix des plus grandes fatigues que ce célèbre navigateur parvint à découvrir l'Amérique. Ce grand homme excita une telle jalousie qu'il passa toute sa vie dans les luttes et les chagrins.

Cette découverte poussa les aventuriers de toutes les

---

103. Par qui Christophe Colomb fut-il protégé ?
Comment réussit-il à accomplir son dessein ?
Quelles furent les suites de sa découverte ?

nations à franchir la mer. L'or, que l'Amérique produisait abondamment, aiguillonnait l'avarice, la gloire excitait les ambitieux, en sorte que le vaste continent américain ne tarda pas à être envahi de toutes parts. Les innocentes peuplades qui l'habitaient furent massacrées avec une cruauté inouïe, le continent tout entier fut souillé de meurtres et d'infamies, et, autant la découverte de l'Amérique fait honneur au génie humain, autant les suites en sont honteuses et avilissantes. Pizarre au Pérou et Cortez au Mexique se sont fait un triste renom.

**104.** L'Italie fixe tous les regards. La France est à peine paisible au dedans, qu'elle porte au dehors la bouillante ardeur qui l'anime. Sous Louis XII, elle entreprend la conquête du royaume de Naples, qui est occupé de concert avec le roi d'Espagne Ferdinand-le-Catholique. Espagnols et Français se brouillent pour le partage de cet État; et, si la France a pour elle La Trémoille et Bayard, les Espagnols ont de leur côté le fameux Gonzalve de Cordoue, le plus grand capitaine de son temps.

Jules II, pape guerrier, soulève Venise, l'Espagne, l'Angleterre, la Suisse, et médite à la fois de chasser les Français d'Italie et d'envahir leur territoire. Tour à tour battus ou vainqueurs, les Français finirent par avoir le dessous. Le successeur de Louis XII, François I$^{er}$, plus heureux, remporta un éclatant succès à la bataille de Marignan et s'attacha les Suisses qui, à partir de cette époque, devinrent avec les Écossais nos plus fidèles alliés.

Le Milanais fut l'objectif constant du roi de France, et cette convoitise inassouvie ramena plusieurs fois les Français en Italie. Le trône d'Allemagne étant devenu vacant par la mort de Maximilien I$^{er}$, François I$^{er}$ le disputa chaudement au jeune roi d'Espagne Charles-Quint, et se vengea de son échec en devenant l'ennemi acharné du monarque espagnol. Charles-Quint, après cette succession, était le plus puissant monarque de la chrétienté; il

---

104. De quelle lutte l'Italie fut-elle le théâtre ?

Quelle fut l'origine de la rivalité entre François I$^{er}$ et Charles-Quint?

possédait l'Espagne, l'Allemagne, les Pays-Bas et les Deux-Siciles.

**105**. La plupart des trônes d'Europe étaient occupés par des princes illustres, et aucun siècle peut-être n'en présenta autant à la fois : Charles-Quint en Espagne, François Ier à Paris, Léon X à Rome, Henri VIII en Angleterre, Soliman-le-Magnifique en Turquie. Tous ces princes, à l'exception du dernier, se liguèrent contre la France, dont le roi eut la douleur de voir dans les rangs ennemis le connétable de Bourbon, le meilleur des généraux français.

Presque toujours battu ou malheureux, fait prisonnier à Pavie, forcé de signer des traités humiliants, François Ier fut néanmoins plus heureux à la fin qu'au début de sa carrière, et la victoire de Cérisoles vint clore dignement la série de luttes inaugurée par la bataille de Marignan. La France vit encore, il est vrai, les Anglais et les Impériaux envahir la Picardie ; mais la paix de Crespy lui fut avantageuse.

Henri II continua la guerre, s'empara des trois évêchés, Toul, Metz et Verdun, et releva la gloire des armées françaises. Charles-Quint, mécontent de voir son crédit décliner, abdiqua, en 1556, en faveur de son fils Philippe II, et alla mourir dans un monastère.

Cette époque, tourmentée par les guerres, fut cependant encore très-remarquable par l'élan communiqué aux arts et aux lettres en particulier. Toutes les nations européennes ont des peintres, des sculpteurs, des architectes, des poëtes, des littérateurs et des savants qui s'élèvent à une grande hauteur au-dessus des générations passées ; l'imprimerie, récemment découverte, reproduit les chefs-d'œuvre de l'esprit humain ; aussi le siècle de Léon X et de François Ier a-t-il obtenu le nom glorieux de siècle de la Renaissance.

---

105. Citez les principaux monarques de cette époque.
Quel fut le sort de François Ier dans toutes ses guerres ?
Henri II fut-il plus heureux ?
Comment Charles-Quint termina-t-il sa vie ?
Pourquoi appelle-t-on le seizième siècle le siècle de la renaissance ?

**106.** Mais, de toutes les réformes, aucune n'eut autant d'importance que la réforme religieuse. Inaugurée par un moine allemand nommé Luther, continuée par le Français Calvin et l'Anglais Henri VIII, elle fit le tour de l'Europe. Le christianisme naissant avait débuté par les classes inférieures de la société ; le protestantisme suivit une route opposée : les nobles et les princes, dont il favorisait les passions, furent ses défenseurs naturels ; l'Europe se divisa en deux camps, et, malgré les siècles qui nous séparent de Luther, cette division subsiste encore : il n'y eut pas de réforme véritable, il y eut scission.

Quand Dieu veut réformer, il envoie des hommes remarquables par leur sainteté : ce caractère est la pierre de touche des hommes de Dieu. Luther, moine défroqué, épousa publiquement une religieuse ; Calvin poussa l'orgueil aux dernières limites ; Henri VIII fut un monstre de cruauté et de débauche : il est difficile d'admettre que Dieu se soit servi de pareils hommes pour une œuvre de sanctification. Plusieurs pontifes romains avaient porté sur le Saint-Siége des passions humaines ; ils en furent punis comme Salomon, en voyant leur empire spirituel se diviser, et cette division fut mal à propos appelée Réforme.

---

# CHAPITRE XIX

## DE L'ABDICATION DE CHARLES-QUINT A LA PAIX DE WESTPHALIE (1556-1648.)

**107.** Le successeur de Charles-Quint, Philippe II, que son intrépidité a fait surnommer le *Démon du Midi*, ne

---

106. Que savez-vous de la réforme religieuse ?
107. Quel était le caractère de Philippe II ?
Quelle princesse épousa *François II* ?
Quels sont les désordres qui agitent l'Europe ?
Comment les huguenots se conduisent-ils envers leur patrie ?
Nommez la famille qui s'illustra par sa foi et son patriotisme.
Quel fut l'adversaire des Espagnols dans les Pays-Bas ?

resta pas longtemps oisif sur le trône. A peine y fut-il assis,
qu'il s'unit aux Anglais pour envahir la France. Le sort
nous fut fatal aux batailles de Saint-Quentin et de Grave-
lines ; mais la prise de Calais, qui appartenait aux Anglais,
compensa ces pertes.

Le mariage de Marie Stuart avec François II procura
à la France une alliance bien précieuse et qui eût porté
aux Anglais un coup bien plus rude que la prise de Calais,
si la mort ne fût venue la rompre si malheureusement.

Sixte V à Rome, Élisabeth en Angleterre, Philippe II
en Espagne et Catherine de Médicis, sous le nom de ses
fils, continuent d'agiter l'Europe. Presque toutes les guerres
se couvrent du prétexte de la religion pour faire excuser
leur injustice et leurs atrocités. L'Écosse est livrée au brigandage de John Knox et de ses acolytes. « Détruisez
les nids, s'écrient-ils, afin que les corbeaux s'en aillent, » et
sur cette parole, la multitude ravage les églises, brûle les
couvents et couvre le pays de ruines. L'Angleterre accable
les catholiques ; l'Espagne brûle les protestants ; Rome
les condamne et établit l'index sur les livres; la France
les inquiète au dedans, les favorise au dehors ; l'Allemagne est déchirée par les dissensions.

Le concile de Trente essaie en vain d'éclairer les esprits :
l'endurcissement ne fait qu'augmenter. Oubliant la patrie
et le foyer, les huguenots français livrent le Havre aux
Anglais, et fomentent la guerre civile au sein du territoire.
Les Guises sont les plus fermes remparts du catholicisme
et du patriotisme en France. « Il faut remonter jusqu'aux
Romains, a dit Chateaubriand, pour retrouver cette héré-
dité de gloire et de génie dans une même famille. »

Les Pays-Bas, dominés par l'Espagne, préludent par le
meurtre à une longue guerre contre leurs maîtres. Guil-
laume-le-Taciturne réunit sous son commandement des
bandes vagabondes qui couraient le pays comme autrefois
les Malandrins en France ; il y joignit des pirates accoutumés aux abordages, et, à la tête des *gueux de bois* et des
*gueux marins*, il osa défier la puissance espagnole. Mais le
duc d'Albe se tenait en éveil ; ses succès réitérés compri-
mèrent les premiers mouvements, et, sans le secours en-

voyé par Élisabeth, les Pays-Bas auraient été subjugués rapidement.

**108.** L'Europe semblait avoir oublié les Turcs ; l'Occident, déchiré par les guerres religieuses, s'acharne stupidement à sa perte ; la Pologne, plus sage, s'organise et s'attache la Lithuanie : personne ne prend garde à l'ennemi commun. Cet état de choses permit aux Turcs de se fortifier, et, quand on pensa à eux, ce fut pour avoir à s'en défendre. En vain l'Espagne et l'Italie unirent leurs forces maritimes à celles de Venise pour sauver l'île de Chypre : elle fut conquise et dévastée par Mustapha. Les royaumes d'Occident comprirent alors le tort qu'ils avaient eu de perdre de vue un ennemi si turbulent ; on parlait d'organiser une nouvelle croisade, quand la victoire de Lépante (7 octobre 1571), gagnée par Don Juan d'Autriche, sauva d'un seul coup la chrétienté. Les pertes des Turcs furent immenses.

**109.** Les huguenots, que cette victoire touchait assez peu, continuèrent de conspirer. Ils avaient déjà encouragé les attaques de l'Angleterre contre nos ports de mer, payé l'assassinat du duc de Guise, et essayé de s'assurer de la personne du roi. Élisabeth avait même fait avec eux un traité par lequel elle s'engageait à leur envoyer six mille hommes pour conquérir la Normandie. Aux plaintes de l'ambassadeur de France, la reine d'Angleterre avait répondu que ces troupes étaient nécessaires pour soutenir le roi contre ceux qui en voulaient à son autorité ; les huguenots finirent par passer aux yeux de Catherine de Médicis comme les pionniers de la domination anglaise.

Cette pensée, jointe au désir de s'illustrer en exterminant l'ennemi intérieur comme don Juan avait exterminé les Turcs, poussa cette artificieuse princesse à méditer et

---

108. Comment les Turcs ont-il pu se fortifier ?

Comment appelez-vous le vainqueur de Lépante ?

109. Quelle fut la conduite des huguenots dans ces conjonctures ?

Dans quel but Catherine de Médicis ordonna-t-elle le massacre de la Saint-Barthélemy ?

Quelles en furent les conséquences ?

Comment les Guises perdirent-ils la vie ?

à accomplir le massacre de la Saint-Barthélemy (24 août 1572). Quinze cents protestants environ périrent dans cette fatale journée.

Cette exécution souleva un cri d'horreur universel, affligea le clergé et les honnêtes gens, ranima la lutte des protestants hollandais contre l'Espagne, contribua à isoler la France, et poussa les Calvinistes à s'unir sous le commandement du duc d'Alençon. Les Guises leur opposèrent la Sainte-Ligue et dominèrent la situation à la journée des Barricades; mais ils furent lâchement assassinés par ordre du roi au château de Blois. Leurs corps, hachés au couperet, furent brûlés et leurs cendres jetées à l'eau. De la chambre où il couchait, le roi pouvait entendre les coups de hache et sentir l'odeur de la chair des victimes.

**110.** Cet assassinat fit perdre à Henri III l'amitié des Français, et il fut réduit à s'unir au roi de Navarre pour reconquérir sa capitale. Henri III mourut sous le poignard de Jacques Clément, et son allié continua pour son propre compte l'expédition commencée. Paris assiégé fut réduit à la dernière misère. Alexandre Farnèse, lieutenant de Philippe II dans les Pays-Bas, dut s'arrêter au milieu de ses conquêtes pour venir délivrer la capitale. Cette guerre civile s'apaisa comme par enchantement, quand on apprit que le roi de Navarre s'était fait catholique; il fut reçu dans Paris aux cris de « *Vive le roi !* » Il est avantageusement connu dans l'histoire sous le nom de Henri IV.

La lutte se poursuivit dans les Pays-Bas avec une grande activité, malgré la mort d'Alexandre Farnèse (1592), et l'Espagne, après avoir délivré Paris, perdu quantité de soldats en Normandie, tenté en Angleterre une invasion colossale que la fureur de la mer fit échouer avec l'invinci-

---

110. Le roi leur survécut-il longtemps?

Par qui Paris fut-il assiégé?

Quelle fut l'issue de la lutte?

Quelle fut constamment l'attitude de Philippe II vis-à-vis de l'Europe?

Son successeur l'imita-il

ble **Armada**, parut encore aussi menaçante qu'au commencement de la lutte. Durant tout son règne, et malgré ses pertes, Philippe II garda toujours cette fierté castillane qui le fit persévérer dans ses entreprises; mais son successeur Philippe III abandonna la voie des expéditions lointaines, et les Pays-Bas purent, après quelques efforts, se constituer en État libre.

**111.** Ces guerres incessantes qui agitaient l'Europe ne l'empêchaient pas d'envoyer des escadres au-delà des mers; Espagnols, Portugais, Anglais et Français avaient colonisé quelques parties de l'Amérique. Les Hollandais, les Norwégiens et les Anglais essayèrent de découvrir, au nord du Nouveau Monde, un passage qui leur permît de trafiquer aux Indes par une autre route que par le cap de Bonne-Espérance ou le détroit de Magellan ; la plupart de ces expéditions finirent misérablement au milieu des glaces et des tempêtes ; on tira plus de profit de celles qui furent dirigées sur l'Océanie, où les Hollandais, désabusés des expéditions dans le Nord, établirent des comptoirs.

**112.** La mort de Mathias, empereur d'Allemagne, l'élection de Ferdinand II, l'opposition des États de Bohême qui appelèrent, pour régner sur leur pays, l'électeur palatin Frédéric V, donnèrent le signal de la guerre de Trente Ans.

Cette guerre se divise en quatre périodes, selon les nations qui y sont intervenues. La première période, nommée palatine, aurait été terminée rapidement, par la victoire de la Montagne-Blanche que les Impériaux remportèrent sur les Bohémiens, si Ernest de Mansfeld et Christian de Brunswick, officiers protestants, n'avaient continué la lutte en faveur de l'électeur; ils furent défaits en plusieurs rencontres, et la cause de l'électeur reçut le coup de grâce à la bataille de Stadt-Lœn (6 août 1623).

---

**111.** Où se dirigèrent les principales expéditions maritimes de cette époque ?

**112.** Quelle fut la cause de la guerre de Trente Ans ?

Combien distingue-t-on de périodes dans cette guerre ?

Quelle fut la période palatine ?

Quelle fut la période danoise ?

La crainte d'être forcés de rendre les biens ecclésiastiques enlevés aux catholiques, poussa les protestants à s'unir, afin de réparer le dommage qu'ils venaient d'essuyer par la ruine de l'électeur. Ils firent appel aux princes du Nord, et Christian IV, roi de Danemark, se mit à la tête du parti de la défense. A cause de cette intervention, la deuxième période porte le nom de période danoise.

Christian IV trouva un adversaire dans le comte de Waldstein qui, à la tête d'une petite armée levée à ses frais, bat sur l'Elbe, près de Dessau, et poursuit jusqu'en Hongrie le comte de Mansfeld, qui soutenait Christian IV, pendant que le général Tilly culbute ce prince à la bataille de Lutter, et le rejette sur le Jutland. Comme il essayait de reconstituer les débris de son armée, arrive Waldstein ; ce capitaine défait le marquis de Bade-Bourlach, qui commandait une partie des forces danoises, lance ses soldats à travers le Mecklembourg, la Poméranie et le Holstein, s'empare de Wismar, dont il fait son arsenal maritime, et occupe une grande partie du littoral. C'en était fait du Danemark si une basse jalousie n'avait enlevé le commandement au comte de Waldstein.

**113.** La France avait alors à sa tête un roi faible et sans volonté, et, en même temps, un ministre d'une énergie et d'une capacité hors ligne : c'était Richelieu. L'unique but qu'il se proposa fut de rendre son pays l'arbitre de l'Europe, en divisant ou en abaissant tout ce qui pouvait entraver ses vues.

La maison d'Autriche, à cause de sa puissance, était seule capable de lui faire obstacle ; il l'inquiète en Italie où il envoie le maréchal d'Estrées, et excite Gustave-Adolphe, roi de Suède, à prendre part à la guerre et à relever le parti protestant en Allemagne.

La période suédoise commençait, et l'Angleterre, la

----

113. Quelle fut la conduite de Richelieu ?
Comment la période suédoise commença-t-elle ?
Quel fut le sort de Gustave Adolphe ?
Comment la période suédoise se termina-t-elle ?
Quelle fut la mort de Waldstein ?

Hollande, la ligue Hanséatique se montraient aussi favorables que la France à cette nouvelle lutte. Le sac de Magdebourg, en irritant les populations, rendit plus facile la mission de Gustave-Adolphe; cependant Tilly marchait de succès en succès et il aurait arrêté le monarque suédois au début de sa carrière, s'il n'eût été atteint de trois balles au combat de Breitenfeld, près Leipzig. Gustave-Adolphe profite de sa victoire, traverse en conquérant la Thuringe et la Franconie jusqu'à Mayence, parcourt l'Alsace, la Souabe, et porte la terreur jusque sur les frontières bavaroises. Tilly, remis de ses blessures, s'apprête à défendre vigoureusement l'entrée de son pays : il fut tué à la première canonnade. L'Autriche, privée de généraux, se souvint de Waldstein et lui confia sa défense; le comte fit difficulté d'accepter une mission qu'il avait déjà remplie et qu'on lui avait enlevée avec tant d'injustice; mais, faisant taire son ressentiment devant le patriotisme, il accepta la lourde charge de sauver son pays.

On s'attendait à des combats terribles entre deux hommes qui passaient pour invincibles; aussi l'étonnement fut-il prodigieux en Europe, quand on les vit camper trois mois en face l'un de l'autre sans tirer l'épée, ne cherchant qu'à se couper mutuellement les vivres. Gustave-Adolphe fut le premier à tenter le sort des armes; il poussa une forte colonne d'attaque contre le camp de son rival; en moins de cinq heures, il perdit cinq mille hommes de ses meilleures troupes et ne put engager une bataille générale. Il se retira ensuite du côté de la Bavière, persuadé que son adversaire viendrait la défendre. Waldstein en laissa le soin à Maximilien, et fondit sur la Saxe pour punir l'électeur de sa neutralité. Cette tactique habile força Gustave-Adolphe à rétrograder pour secourir l'électeur, et les deux armées en vinrent aux mains près de Lutzen. Le héros suédois y perdit la vie (1632.)

La période suédoise se continua après sa mort. Ses généraux avaient soif de le venger; mais ils se firent battre à Nordlingen par l'archiduc Ferdinand, fils de l'empereur : cette victoire mit un terme à la lutte avec les Suédois

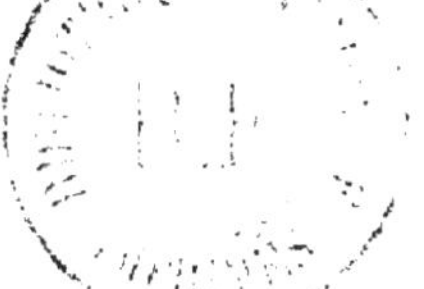

(1634). Quant à Waldstein, il ne recueillit pas le fruit de ses travaux ; soupçonné d'ambition, il fut assassiné par ordre de l'empereur.

**114.** La France entra à son tour en lutte avec la maison d'Autriche et porta la guerre en même temps dans l'Allemagne et dans l'Italie. Sept armées françaises furent sur pied à la fois ; mais leurs généraux, à l'exception du duc de Rohan dans la Valteline, furent ou malheureux ou maladroits.

La France, envahie par les Espagnols, qui faisaient cause commune avec les Autrichiens, vit l'ennemi ravager impunément la Picardie et se porter sur Paris. Ces malheureux commencements furent compensés par les succès remportés par le duc de Weimar, allié aux Français. Élève de Gustave-Adolphe, et doué de la capacité de son maître sans en avoir la témérité, il battit seul les Impériaux, et, quand le duc de Rohan se fut uni à lui, il les défit complétement. A partir de ce moment, les alliés gagnent du terrain ; le comte d'Harcourt, soutenu par le jeune Turenne, fait essuyer aux Espagnols de grandes pertes en Italie ; le Suédois Torstenson, secondé par son compatriote le brave général Horn, fait trembler Vienne, et le cardinal-archevêque de Bordeaux, Sourdis, prélat guerrier, va porter l'épouvante dans le royaume de Naples : le vaste empire de Charles V penche vers la ruine. Deux généraux, à peine sortis de l'adolescence, Condé et Turenne, effacent par leurs exploits ceux de leurs devanciers, et les victoires de Rocroy, de Fribourg, de Nordlingen mettent un terme à la guerre de Trente Ans.

Le traité de Westphalie nous donna l'Alsace, et modifia l'Europe de façon à établir ce que l'on est convenu d'appeler l'équilibre européen (24 octobre 1648).

---

114. Racontez en détail la période française.
Quels furent les résultats du traité de Westphalie ?

# CHAPITRE XX

## DU TRAITÉ DE WESTPHALIE AU PARTAGE DE LA POLOGNE
## (1648-1772.)

**115.** Quoique l'Angleterre fût restée neutre au milieu des guerres qui agitaient l'Europe, elle n'était pas plus tranquille que les autres nations de l'Occident, et l'année qui suivit le traité de Westphalie, le petit-fils de Marie Stuart, Charles Ier, victime d'une révolution populaire, porta sa tête sur l'échafaud. Cromwell, qui l'avait condamné, occupa le trône sous le nom de protecteur et établit la dictature.

La France, occupée de la ridicule querelle des Frondeurs, n'oubliait cependant pas qu'elle avait un compte à régler avec l'Espagne, et une nouvelle guerre fut entreprise dans des circonstances équivoques : un roi en bas âge, une noblesse frémissante, un peuple désuni, et, par-dessus tout, la défection du grand Condé passé à l'ennemi, semblaient présager une ère de désastres. Turenne sut forcer son rival à reculer, et la victoire qu'il remporta avec le concours des Anglais, aux Dunes, près de Dunkerque, amena la paix des Pyrénées, qui donna à la France le Roussillon, la Cerdagne et la plus grande partie de l'Artois (1659).

Le gouvernement personnel de Louis XIV et la sage administration de Colbert communiquèrent à la France un élan irrésistible. Les finances rétablies, les routes ouvertes, les canaux creusés, la marine organisée sur des bases solides, la création des ports militaires, un commerce ac-

---

115. Quelle révolution bouleversa alors l'Angleterre ?

Dans quelles circonstances la guerre d'Espagne fut-elle commencée ?

Quelle en fut l'issue ?

L'administration intérieure faisait-elle des progrès ?

tif avec l'étranger, l'agriculture et l'industrie favorisées et perfectionnées, des compagnies maritimes fondées et entretenues, le matériel de guerre augmenté, et, sur plusieurs points, réformé, la législation revue et corrigée, les arts et les lettres honorés et encouragés, tels furent les résultats des efforts persévérants de Colbert et de Louvois.

**116.** Les prétentions de Louis XIV à la Franche-Comté et à la Flandre rallumèrent la lutte avec l'Espagne, qui les possédait. Ces deux provinces furent soumises avec une étonnante facilité, et peut-être Louis XIV aurait-il donné le coup fatal à sa rivale hautaine, si les Hollandais, oubliant les services que le roi de France leur avait rendus, n'eussent conclu avec les Anglais et les Suédois une *triple alliance*, tendant à empêcher nos armées de marcher en avant. Le traité d'Aix-la-Chapelle concéda la Flandre aux Français, et la Franche-Comté resta aux Espagnols.

Louis XIV avait l'âme trop fière pour subir l'influence de la Hollande. Il lève une armée de cent mille hommes, et la commande en personne, ayant en sous-ordre Condé, Turenne, Vauban et Luxembourg. Les Hollandais, réduits à l'extrémité et ne pouvant faire la paix qu'à des conditions humiliantes, rompent les digues de la mer et inondent leur patrie plutôt que de se rendre. Les Français, contraints d'évacuer le pays, voient l'Europe se liguer contre eux. La guerre éclate de tous côtés. Condé soutient en Flandre une lutte héroïque ; Turenne défend l'Alsace et va battre les Allemands chez eux ; le roi conquiert la Franche-Comté ; Schomberg chasse les Espagnols du Roussillon ; l'amiral Duquesne dissipe la flotte des Espagnols et secourt Messine en révolte contre eux.

La mort de Turenne, emporté par un boulet, faillit compromettre le succès de la campagne ; déjà son armée, battue et découragée, s'était retirée en-deçà des Vosges,

---

116. Pourquoi la guerre éclata-t-elle de nouveau avec l'Espagne?
Quels sont les peuples qui y mirent obstacle ?
Comment Louis XIV s'en venge-t-il ?
Quels furent ses succès?
Qu'arriva-t-il à la mort de Turenne ?

quand le prince de Condé enchaina la victoire prête à nous échapper ; enfin, les troupes envoyées de nouveau dans le Nord sous la conduite de Créqui y remportèrent de nombreux avantages. La paix de Nimègue donnaà la France la Franche-Comté et plusieurs places en Flandre, ainsi que sur les bords du Rhin (1678). La trêve de Ratisbonne maintint cette concession (1684).

**117.** Louis XIV est à l'apogée de la gloire. Sa flotte, conduite par Duquesne, va bombarder Alger, refuge des pirates, et, pour la première fois, ces hardis corsaires sont obligés de demander grâce. Le plus grand monarque de l'Asie, Kang-Hi, empereur des Chinois, entre en relations suivies avec la France, et ce n'est pas sans étonnement que des Français, élevés à la cour de Louis XIV, trouvent dans l'extrême Orient la même puissance, le même luxe, autant de dignité personnelle, et des littérateurs qui semblent défier nos auteurs le plus justement célèbres. Siam, entraîné dans le mouvement général, s'allie à la France et se fait gloire de lui obéir ; la Perse lui envoie des ambassadeurs, et le vaillant Aureng-Zeyb, au fond des Indes, porte plus d'une fois envie à sa fortune.

La tentative que fit Louis XIV pour défendre le trône de Jacques II, roi d'Angleterre, notre allié, contre les envahissements du prince d'Orange, occasionna une nouvelle guerre (1690). Notre marine, sous les ordres de Tourville, se couvre d'une gloire malheureusement stérile ; le Palatinat est envahi et brûlé ; Catinat triomphe dans le Midi, et le maréchal de Luxembourg, dans le Nord, enlève tant de drapeaux qu'on le surnomme le *Tapissier de Notre-Dame.*

Cependant la France épuisée souhaitait la paix ; les royaumes ligués contre elle ne la désiraient pas moins, à l'exception de l'Autriche, qui trouvait son profit à affaiblir la France. L'inhabileté de Villeroi, qui succéda au maré-

---

117. Quels sont les princes et les États de l'Orient qui se mettent en rapport avec Louis XIV ?

Comment la guerre fut-elle reprise ?

Quels furent les marins français qui se distinguèrent le plus ?

Où la paix fut-elle signée ?

chal de Luxembourg à l'armée du Nord, faisait prolonger la lutte; les ennemis reprirent Namur et se montrèrent moins conciliants; mais les escadres françaises, commandées par Duguay-Trouin, Jean Bart, Forbin et Pointis, causèrent de tels ravages que la paix fut signée à Ryswick (20 septembre 1697.)

**118.** Louis XIV avait ses desseins en demandant la paix et en la faisant à des conditions si onéreuses. La succession d'Espagne attirait ses regards: à la mort de Charles II, qui, n'ayant pas d'enfants, avait institué pour son héritier le petit-fils de Louis XIV, celui-ci revendiqua cet héritage, et la guerre s'ensuivit. L'Autriche, l'Angleterre, les Provinces-Unies, l'Électeur Palatin prirent fait et cause contre la France, et, par malheur, Louis XIV, isolé au milieu d'une génération qu'il ne connaissait pas, n'avait que peu de bons généraux.

La lutte, glorieuse sur mer, nous fut presque toujours funeste sur terre. Vendôme en Espagne, Boufflers et Villars dans le Nord et en Alsace soutiennent l'honneur des armes françaises, mais sans résultat décisif jusqu'en 1712, où Villars remporta la victoire de Denain. La paix fut signée à Utrecht à des conditions assez avantageuses pour la France. Du côté des ennemis, Marlborough et le prince Eugène de Savoie s'illustrèrent par leur habileté, et nous firent subir de grandes défaites à Ramillies, à Oudenarde et à Malplaquet (1706-1709). Le trône d'Espagne, cédé au petit-fils de Louis XIV, fut la digne récompense de cette lutte acharnée (1713). Louis XIV ne survécut pas longtemps à cette dernière guerre. Il expira le 1er septembre 1715.

**119.** Au moment où l'Europe occidentale guerroyait contre Louis XIV, le Nord voyait s'élever vis-à-vis l'un de l'autre deux grands hommes. L'un fondait un empire dont il bâtissait la capitale au milieu des marais de la Néva; l'autre, intrépide guerrier, couvrait de gloire son petit

---

118. Qu'appelez-vous guerre de la succession d'Espagne?
Quel fut le sort de nos armes et le résultat de la lutte?
119. Comment Pierre Ier et Charles XII se sont-ils rendus célèbres?
Où les Turcs furent-ils défaits et quel traité mit fin à la lutte?

pays : ces deux hommes étaient Pierre I<sup>er</sup>, empereur de Russie, et Charles XII, roi de Suède.

Le sort les met en présence et les rend vainqueurs tour à tour. Pierre I<sup>er</sup> est un créateur : il ne trouve à son arrivée au pouvoir que peu d'éléments de succès ; son peuple, plus semblable aux nations tartares qu'aux royaumes européens, n'offre que peu de ressources. Pierre I<sup>er</sup> organise son empire, crée une armée, une marine, une capitale. Souvent battu par Charles XII, qui avait à son service une armée depuis longtemps exercée, il l'écrase à la bataille de Pultawa (1709), et met son empire naissant au premier rang parmi les vieilles nations de l'Europe. La Perse même, malgré son éloignement, redoute son courroux, et lui abandonne plusieurs provinces pour éviter la guerre.

La Turquie, peu mêlée aux luttes que nous venons de raconter, n'avait pas souffert autant que le reste de l'Europe, et, tandis que les autres nations s'affaiblissaient par la guerre, elle poursuivait dans l'ombre ses conquêtes maritimes. Depuis la bataille de Lépante, elle s'était relevée de ses désastres et l'année 1716 trouva une formidable armée turque devant Corfou. Cette apparition subite et imprévue alarma les nations chrétiennes. Le Pape, le roi de Portugal, le grand-duc de Toscane, le grand-maître de Malte, le roi de Naples s'unirent à Venise pour repousser les Turcs. Le prince Eugène les battit à Peterwaradein, sur le Danube, leur enleva Temeswar, et, par cet échec, les força de lever le siége de Corfou. L'année suivante, ils furent encore défaits devant Belgrade. Le traité de Passarowitz mit fin aux hostilités.

**120.** Une autre guerre éclatait dans le même temps. La France, gouvernée par un prince et un cardinal, le duc d'Orléans et Dubois, tous deux sans mœurs et sans dignité, s'unit à l'Angleterre, à la Hollande et à l'Autriche pour combattre le petit-fils de Louis XIV, Philippe V,

---

120. Citez la guerre impolitique qui fit alors la France.

Quelles furent les puissances engagées dans les deux guerres d'Allemagne ?

Quel profit la France en retira-t-elle ?

Quelle province fut définitivement annexée à la Prusse ?

qu'elle aurait dû soutenir. Elle ne recueillit de sa conduite que la honte, sans aucun bénéfice.

Le mariage de Louis XV avec Marie Leckzinska et plus encore la succession d'Autriche, mêlèrent de nouveau les nations européennes. La première guerre n'enchaîna que la France et l'Allemagne; la seconde unit la France, l'Espagne, la Bavière, la Prusse, la Saxe, la Pologne et la Suède contre l'Autriche, l'Angleterre, la Sardaigne et la Russie. L'impératrice Marie-Thérèse fit preuve d'un héroïsme qu'on ne saurait trop admirer. Privée de ressources, voyant son pays partagé par l'ennemi, obligée de quitter Vienne, elle parvint à reprendre le territoire envahi et à reconquérir son royaume. Nos troupes furent acculées sur le Rhin; mais l'arrivée du maréchal de Saxe releva l'honneur français, et la bataille de Fontenoy, suivie de brillants succès dans les Pays-Bas, força les ennemis à signer le traité d'Aix-la-Chapelle (1748). Tous les alliés de la France y gagnèrent. Louis XV seul, se piquant d'un fol point d'honneur, n'accepta rien pour lui; et cependant sa marine avait été détruite près du cap Finistère et de Belle-Isle; nos colonies, mal défendues, étaient passées en d'autres mains, et la dette publique s'était accrue considérablement.

La Prusse fut de toutes les nations celle qui profita le plus de ce traité; elle conserva définitivement la Silésie, et son roi, Frédéric II, put aller de pair avec les premiers princes de l'Europe.

**121.** Ces guerres, quelque désastreuses qu'elles fussent, n'étaient rien en comparaison de celles qui déchiraient l'Asie. L'Orient voyait revivre, dans la personne de Kouly-Khan, ces terribles ravageurs qui l'avaient tant de fois déjà parcouru et ensanglanté. Assis sur le trône de Perse après en avoir précipité la dynastie régnante, ce prince soumit les petits royaumes voisins, vainquit les Turcs, porta la guerre au fond de l'Indoustan et disputa aux Russes la navigation de la mer Caspienne; mais sa cruauté arma le bras des assassins, et la mort l'arrêta au milieu de ses conquêtes.

---

121. Que se passait-il alors en Asie?

**122**. La rivalité de l'Angleterre et de la France à cause de leurs possessions maritimes, celle de l'Autriche et de la Prusse au sujet de la Silésie, occasionnèrent une guerre européenne connue sous le nom de guerre de Sept Ans, qui fut pour la France une période néfaste. Ses armées furent battues en Allemagne par Frédéric II ; ses magnifiques colonies des Indes et du Canada tombèrent au pouvoir des Anglais, malgré l'énergie de ses généraux. La cour, endormie dans l'indolence, mettait plus de soin à varier ses plaisirs qu'à soutenir les conquêtes, et des courtisanes traçaient du fond de leur boudoir des plans de campagne à exécuter.

De toutes les nations belligérantes, la France fut la plus malheureuse. La Prusse garda la Silésie pour prix de ses efforts; la France perdit sa marine, ses colonies, son commerce et son influence. Le traité de Paris (1763) annonça au monde la décadence de notre patrie.

Affaiblie, corrompue, énervée sous un monarque dont la débauche est l'unique préoccupation, la France, malgré la réunion de la Lorraine à la couronne, demeure toujours avilie. La noblesse fréquente les antichambres et s'honore du titre de valet, pourvu que cette profession soit exercée chez le roi ; le peuple meurt de faim par le fait de la *Société d'accaparement,* qui achète les blés pour les vendre à plus haut prix ; les capitalistes perdent leur fortune : la banqueroute devient générale.

A ces maux internes se joignent des fautes dont les conséquences furent désastreuses. Louis XV laisse attaquer la religion, la famille et la propriété par des pamphlets; l'incrédulité devient à la mode et passe pour du bel esprit; l'immoralité se répand dans la société, qu'elle déprave et amollit; l'Europe entière est attentive à cette décomposition, et, profitant de la torpeur de la France, les

---

122. Quelles furent les causes de la guerre de Sept ans ?
Le traité de Paris fut-il honorable pour la France ?
Comment la France était-elle administrée ?
Quel mal intérieur Louis XV laissait-il faire ?
Comment et par qui la Pologne fut-elle partagée ?

Russes, les Prussiens et les Autrichiens se partagent paisiblement la Pologne. Ce projet fut conçu par la Russie et la Prusse; l'Autriche y adhéra la dernière; l'iniquité fut consommée sans que la France ait pris la défense de son alliée (1772).

# CHAPITRE XXI

## ÉTAT DES LETTRES ET DES SCIENCES A LA FIN DU XVII<sup>e</sup> ET DANS LE COURS DU XVIII<sup>e</sup> SIÈCLE

**123.** Le siècle de Louis XIV a brillé d'un vif éclat; non-seulement par ses guerres et ses expéditions maritimes, mais surtout par ses artistes, ses littérateurs et ses savants.

La peinture compte d'illustres représentants; la musique se transforme, et, rompant avec son passé, trouve des harmonies plus vives et des accords plus majestueux; l'architecture seule, malgré les monuments qu'elle élève à Versailles et à Paris, ne peut atteindre la perfection où l'ont portée les artistes du moyen âge et ceux du seizième siècle; cependant elle acquiert en France une gloire éclatante, et l'on peut citer avec orgueil l'Institut, les Invalides, la colonnade du Louvre, Trianon et le Palais de Versailles.

C'est surtout dans la littérature que le dix-septième siècle se distingue; Bossuet s'élève dans tous les genres au-dessus

---

**123.** Qu'est-ce qui fait la véritable gloire du règne de Louis XIV ?
Quels furent les progrès accomplis dans les arts ?
Quels sont les principaux littérateurs du règne de Louis XIV ?
Les sciences sont-elles également cultivées?
Quels sont les principaux savants de l'Europe ?

du niveau commun, et Fénelon, Bourdaloue et Fléchier font avec lui la gloire de l'Église de France. Pascal et Malebranche, après Descartes, s'appliquent à la philosophie; Corneille et Racine composent des chefs-d'œuvre tragiques; Molière crée la véritable comédie; le bon la Fontaine, par ses fables, se met d'un seul coup au-dessus de tous ses rivaux anciens et modernes. Les sciences offrent également des noms illustres; l'astronomie, la physique et les sciences naturelles prennent leur essor sous la direction des Cassini, des Papin et des Tournefort.

Les autres nations de l'Europe, pour n'être pas à la hauteur de la France, n'en sont pas pour cela frappées de stérilité: l'Angleterre nous présente avec fierté le poëte Milton, le philosophe Locke, le savant mathématicien Newton; l'Allemagne produit l'astronome Kepler et le philosophe Leibnitz; la Hollande, Spinosa; l'Espagne, des littérateurs; Galilée et Torricelli, célèbres physiciens, venaient de s'éteindre en Italie.

**124.** Ce mouvement général se continue dans le dix-huitième siècle, et la France, cette fois, a le triste privilége de l'emporter considérablement sur le reste de l'Europe. A la tête des littérateurs se dresse Voltaire, dont l'esprit railleur se plaît à battre en brèche les choses les plus saintes, les institutions les plus recommandables. Histoire, poésie, philosophie, il aborde tous les sujets, et prépare la ruine de la génération qui l'écoute: « Mentez, mentez, écrit-il à ses amis, il en restera toujours quelque chose. » Et aussitôt une foule d'écrivains, s'abritant sous sa protection, se mettent à l'œuvre. Il en résulte une vaste conspiration contre la religion et la vérité. Loin de s'en cacher, Voltaire encourage ses amis en leur criant: « Écrasons l'infâme! » c'est de ce nom qu'il qualifiait la religion chrétienne.

Après lui vient Rousseau, qui, prêchant l'erreur sous le nom de philosophie, acheva, sans le vouloir, l'œuvre de Voltaire en dévoyant les esprits. Il écrivit des pages sublimes sur les devoirs des parents, mais il abandonna ses propres enfants à la charité publique, et il montra par ce

124. Parlez-nous des principaux écrivains français au dix-huitième siècle.

fait que la religion seule peut rendre l'homme bon et vertueux.

Au-dessous de ces deux écrivains, Diderot, Raynal, D'Alembert, D'Holbach et plusieurs autres attaquèrent la religion et le trône avec une hardiesse jusque-là sans exemple. Dans une sphère plus élevée se montrent Montesquieu et Buffon, occupés, l'un d'histoire politique, l'autre d'histoire naturelle. Les chefs-d'œuvre pleins de grâce et de noblesse de ce dernier font contraste avec les diatribes des prétendus philosophes. L'Europe entière marche sur les traces des philosophes français, et les souverains du Nord, Frédéric II, roi de Prusse, et Catherine II, impératrice de Russie, se font gloire de correspondre avec eux.

**125.** L'immortel Franklin, en Amérique, les Italiens Volta et Galvani agrandissent les connaissances physiques, et étudient en particulier les phénomènes de l'électricité. Berthollet et Lavoisier en France, Priestley, Black et Cavendish en Angleterre, passent leur vie à perfectionner la chimie de manière à la faire profiter aux arts et à l'industrie. Le Suédois Linnée, et les frères Jussieu, à Paris, établissent la classification des plantes. Cook, Bougainville et La Pérouse, cherchent dans les mers du sud des mondes à découvrir. Montgolfier invente les aérostats. Le marquis de Jouffroy tente d'appliquer la vapeur à la navigation.

La Révolution française est préparée par les écrivains; la civilisation contemporaine, par les savants : ces deux faits se produisent en même temps.

---

125. Quels sont les principaux savants de cette époque ?

# CHAPITRE XXII

## DU PARTAGE DE LA POLOGNE A L'ABDICATION
## DE NAPOLÉON I<sup>er</sup> (1772-1815.)

**126.** Le partage de la Pologne, imaginé par l'impératrice Catherine II, était accompli selon ses vues. Vainement la Pologne protesta et se souleva : ce fut pour attirer sur sa tête de plus grandes rigueurs, et si Kosciusko se rendit immortel par sa bravoure en défendant sa patrie, il ne put lui rendre la liberté.

Le partage de la Pologne permit à la Russie de pousser davantage ses conquêtes vers le midi. Elle fit reconnaître l'indépendance de la Crimée dans l'espoir de se l'annexer, comme cela arriva en effet quelques années après, et, fidèle à ses traditions, elle débattit avec Joseph II, empereur d'Autriche, les conditions du partage de la Turquie : une guerre furieuse s'ensuivit entre la Russie et l'Autriche d'une part, la Turquie et la Suède de l'autre.

**127.** L'Angleterre, occupée à consolider sa puissance aux Indes et à la défendre contre les efforts de Haïder-Aly, y mettait toute son attention; mais l'avidité avec laquelle elle pressurait ses colonies excitait çà et là des mécontentements, et elle était à la veille de perdre l'Amérique du Nord. Les colonies américaines, irritées d'avoir

126. La Pologne resta-t-elle démembrée ?
Avec qui la Russie prétendait-elle partager la Turquie ?
Quelle fut la conséquence de ce projet ?
127. Pourquoi l'Angleterre perdit-elle l'Amérique du Nord ?
Quelle fut la conduite de Franklin et de Washington pendant et après la guerre ?

toutes les charges de la mère patrie à supporter sans aucun avantage, blessées qu'on les ait frappées de lourds impôts sans les consulter, levèrent l'étendard de la révolte.

Franklin, comme administrateur, et Washington, comme général, s'acquirent dans cette lutte une réputation universelle. Leurs succès toutefois ne furent décisifs qu'à partir du moment où la France se fut liée avec eux. Le jeune marquis de la Fayette et le comte de Rochambeau leur amenèrent du renfort, combattirent dans leurs rangs et eurent leur part de gloire. Malgré les victoires navales remportées auprès de Gibraltar et dans les Antilles par l'amiral anglais Rodney, l'indépendance des États-Unis fut solennellement reconnue par le traité de Versailles (3 septembre 1783).

Les deux héros américains, Franklin et Washington, qui avaient déployé tant d'énergie pour affranchir leur pays, auraient pu garder le commandement; mais il n'en fut rien: ils donnèrent leur démission devant le congrès, et ne reparurent au faîte du pouvoir qu'à titre de présidents élus par les députés. En congédiant ses troupes, Washington leur adressa ces belles paroles : « Ne croyez pas, mes amis, que je renonce à la gloire; je m'en propose une plus élevée : c'est celle d'être un bon cultivateur dans un pays qui doit tout tenir de l'agriculture. Nous nous reverrons, mais dans nos champs bien cultivés, dans nos villes florissantes, au sein de nos familles, au milieu des utiles travaux de la paix... Puissent les jours qui vont suivre être aussi heureux que ceux qui les ont précédés ont été glorieux. »

**128.** Cette guerre eut des conséquences fâcheuses pour la France. La dette publique en fut augmentée, et les soldats revenus d'Amérique rapportèrent avec eux un vif attachement aux principes républicains. Comme notre

---

128. Comment les conséquences de cette guerre furent-elles fâcheuses pour la France?

Quels furent les hommes et les excès de la Révolution?

Comment la France attaquée de toutes parts se défendit-elle ?

pays était depuis longtemps travaillé par un malaise général, les esprits inquiets crurent trouver dans le système américain un remède à leurs maux : on courut à l'abîme.

A l'infâme Louis XV avait succédé le vertueux Louis XVI, dont l'âme, trop sensible et trop généreuse, n'avait pas la fermeté nécessaire pour régner dans ce temps de tumulte, et la réaction s'annonçait comme devant être terrible. On cherchait des réformes, on eut une révolution ; le sang coule à flots ; la guillotine est en permanence ; Carrier, Lebon, Collot d'Herbois, Robespierre rivalisent de cruauté ; le massacre étouffe les protestations ; la religion est détruite ; la noblesse, le clergé, la famille royale elle-même montent sur l'échafaud ; un deuil immense, une tristesse sombre s'empare de la France, et le pays ne trouve pas d'autre mot que celui de « *Terreur* » pour désigner cet affreux gouvernement qui le tyrannise.

Les nobles que le fer n'a pas atteints fuient à l'étranger ; ils font retentir l'Europe du bruit de nos malheurs, et à la guerre civile se joint la guerre étrangère. Attaquée de tous les côtés à la fois, la France déploie une indomptable énergie : Dumouriez gagne sur les Autrichiens la bataille de Jemmapes, Jourdan les bat de nouveau à Fleurus, Pichegru fait la conquête de la Hollande, Moncey pénètre en Espagne, Hoche écrase la Vendée, Bonaparte enlève Toulon aux Anglais ; l'ennemi, à quelque nation qu'il appartienne, est refoulé au-delà des frontières, et la Belgique et la Hollande sont conquises.

**129.** A dater de cette époque, l'histoire universelle va se concentrer sur la tête d'un seul homme. Relever la religion proscrite, rétablir les finances, coordonner les lois, reformer une société qui n'existait pour ainsi dire plus ;

---

129. Dans quel personnage l'histoire universelle va-t-elle se concentrer ?

Quels furent les débuts de Napoléon ?

Racontez ses succès en Orient.

Où sa flotte fut-elle détruite ?

châtier l'Europe entière, faire courber le front à tous les souverains; parcourir le monde en conquérant, le fouler aux pieds pour accomplir la justice divine, telle fut la double mission de Napoléon, à l'intérieur et à l'extérieur.

Il débute en Italie, prend le commandement d'une armée de trente mille hommes mal équipés, mal nourris et presque découragés, trouve en face de lui quatre-vingt-dix mille Autrichiens et Piémontais, remporte les victoires de Montenotte, Millésimo, Dego, Mondovi, Lodi, Castiglione, Arcole, Rivoli, Mantoue, et dicte aux Autrichiens le traité de Campo-Formio. Par ce traité la France obtenait la Lombardie, conservait la Belgique et la rive du Rhin, où Moreau et Hoche rachetaient par des victoires la défaite subie par Jourdan (17 octobre 1797).

Cette belle campagne de Bonaparte indisposa contre lui le Directoire, qui saisit avec empressement l'occasion de l'éloigner. La campagne d'Égypte fut résolue, et le jeune guerrier, accompagné de trente-cinq mille hommes de troupes, quitta de nouveau le sol français. La bataille des Pyramides le rendit maître de l'Égypte; celle du Mont-Thabor, remportée contre des forces dix fois supérieures, lui donna la Syrie vainement défendue par les Turcs, et il aurait pu achever la conquête du littoral occupé autrefois par les Phéniciens, si l'amiral Brueys, mouillé à Aboukir malgré ses ordres, n'avait laissé détruire sa flotte par les Anglais.

**130.** L'absence de Bonaparte se faisait péniblement sentir en France. Le Directoire, tombé dans le discrédit et travaillé par les conspirations, n'avait pas assez de

---

130. En quel état retrouve-t-il la France ?

Pourquoi la guerre fut-elle continuée ?

Quelles furent les victoires qui la signalèrent et les traités qui la terminèrent ?

En quelle année Napoléon fut-il proclamé empereur ?

Quels furent ses projets contre l'Angleterre ?

A la suite de quelle campagne eut lieu le traité de Presbourg ?

Par qui fut détruite la marine française ?

force pour gouverner. L'armée comptait plus de défaites que de victoires, et le peuple, flottant entre la royauté qu'il redoutait et la révolution qu'il avait en horreur, ne voyait de salut nulle part. L'arrivée subite du vaillant guerrier que l'on croyait perdu au fond de l'Orient releva le courage de tous les partis, et chacun pensa trouver en lui l'homme de la circonstance.

Bonaparte s'occupa tout d'abord de rétablir la confiance en organisant le pouvoir ; pour cela, il aurait désiré la paix : il l'offrit à la Russie, à l'Angleterre et à l'Autriche ; la première seule accepta ses offres. La victoire de Marengo remportée par Bonaparte en personne et celle de Hohenlinden gagnée par Moreau donnèrent à l'Autriche un rude châtiment ; le traité de Lunéville termina la guerre avec cette puissance et la paix d'Amiens (25 mars 1802) fit déposer les armes à l'Angleterre, à l'Espagne et à la Hollande. L'Égypte, jusque-là occupée par nos troupes, fut rendue à la Porte ottomane.

Le 18 mai 1804, Napoléon fut proclamé empereur et, à la fin de la même année, il fut couronné dans l'église Notre-Dame de la main du pape Pie VII.

Le premier coup qu'il prépara fut contre l'Angleterre : il avait à cœur de venger sur ce royaume la perte de l'Égypte. Le projet de l'empereur fut préparé avec soin, disposé avec prudence : « Si nous sommes maîtres douze heures de la traversée, avait dit Napoléon, l'Angleterre a vécu. » Il échoua par la pusillanimité de l'amiral Villeneuve, et une coalition des puissances européennes l'empêcha de réparer la faute de son lieutenant.

La France était menacée au nord, à l'est et au midi, par les Suédois, les Russes et les Autrichiens ; l'empereur marcha sur l'Autriche avec tant de promptitude qu'il battit le général Mack à Ulm et pénétra à Vienne avant que les ennemis aient eu le temps de se reconnaître ; la victoire d'Austerlitz remportée sur les Russes couronna cette belle campagne, et le traité de Presbourg (26 décembre 1805) fit de Napoléon l'arbitre de l'Europe. Il déposséda les souverains dont il était mécontent, et mit à leur place ses propres frères sur les trônes demeurés vacants.

**131.** La conduite équivoque de la Prusse et la hauteur avec laquelle elle répondit aux demandes d'explication rallumèrent la guerre. Napoléon écrase la moitié de l'armée prussienne à Iéna ; le maréchal Davoust disperse le reste à Awerstœdt, et les deux corps réunis vont livrer sous les murs d'Eylau une bataille acharnée : la Prusse tombe tout entière au pouvoir des vainqueurs.

Napoléon et Alexandre, empereur de Russie, signèrent la paix à Tilsitt (8 juillet 1807), et tel était l'abaissement de la Prusse que son roi, présent au traité, n'aurait pas été nommé si Alexandre n'avait prié Napoléon de lui rendre une partie de ses États.

Là fut inauguré contre l'Angleterre le blocus continental, par lequel il était défendu à tout navigateur du continent d'aller trafiquer sur ses côtes, ou même d'acheter quoi que ce soit aux négociants anglais.

L'Espagne seule avait échappé au pouvoir de Napoléon ; il voulut lui faire maintenir le blocus et l'assujettir à l'exécution du système continental. Ce fut le commencement des revers. Cette guerre injuste, soutenue par les Espagnols avec une sauvage énergie, coûta la vie à un nombre incalculable de Français, et Joseph Bonaparte, nommé au trône d'Espagne, ne put jamais se rendre maître du pays qu'il était appelé à gouverner. Il fallut la présence de Napoléon pour le subjuguer, et encore cette contrée nous échappa-t-elle aussitôt que l'empereur l'eut quittée pour aller infliger à l'Autriche la sanglante défaite de Wagram.

Ce triomphe vint consoler la France de la perte de sa marine, anéantie devant Trafalgar par l'amiral Nelson. Villeneuve, qui aurait dû mourir pour réparer sa faute précédente, se rendit avec sa flotte et termina par une infamie sa vie de marin.

---

131. Quelles victoires amènent la ruine de la Prusse ?
Entre quels princes le traité de Tilsitt fut-il conclu ?
Qu'entendez-vous par le blocus continental ?
Quelles furent les différentes phases de la guerre d'Espagne ?
Sur qui fut remportée la victoire de Wagram ?
Comment Napoléon se conduisit-il à l'égard du pape ?

Ce fut pendant cette campagne d'Autriche que Napoléon, aveuglé par ses succès, fit enlever le pape de ses États pour le retenir dans une sorte de captivité à Savone et à Fontainebleau. Rome devint, il est vrai, le chef-lieu d'un département français; mais, par cet acte de violence contre un vieillard faible et débile dont il aurait voulu faire un courtisan, l'empereur s'aliéna un grand nombre de Français.

**132.** La grandeur de Napoléon est arrivée à son apogée. L'empire français, qni compte cent trente-sept départements, s'étend de Hambourg jusqu'à Rome, et il est environné d'une ceinture de petits États dépendants dont Napoléon s'est déclaré protecteur ou médiateur. La famille des Bonaparte, assise sur plusieurs trônes d'Europe, dépasse en prospérité ce que Louis XIV n'avait fait que méditer pour les siens. La France est resplendissante de gloire; l'université assure son avenir; sa prospérité brille de toutes parts; les fleuves sont couverts de ponts, les plaines et les forêts sillonnées de routes, les ports creusés ou agrandis; Paris se couvre de monuments ; un prince vient de naître et on l'appelle le roi de Rome.

**133.** La campagne de Russie fut l'écueil où vint se briser tant de grandeur. Entreprise dans une saison déjà avancée, elle nous réussit pleinement, et la bataille de la Moskowa nous livra l'ancienne capitale de l'empire russe; mais l'hiver, survenu plutôt qu'à l'ordinaire, fut pour nos vieilles troupes un ennemi plus redoutable que les bataillons russes. Aucun traité n'était encore fait. Moscou était brûlé, la campagne dévastée au loin, et le désert s'étendait autour de l'armée française. Il fallut reprendre, à travers la neige et la glace, le chemin de l'Allemagne.

L'armée, encombrée de malades et de blessés, avançait péniblement, sans cesse harcelée par les Cosaques. Le

---

132. Quelle était la situation de la France à l'apogée de Napoléon Ier?
133. Que savez-vous de l'expédition de Russie?
Comment la Grande armée se défendit-elle en Allemagne?

passage de la Bérésina la détruisit en majeure partie et, de ce jour, la Grande armée offrit peu de troupes valides. L'ennemi redressait la tête, les alliés refusaient leur concours. Napoléon, accouru en toute hâte à Paris, rassembla les recrues et alla rejoindre en Allemagne les débris de la Grande armée. Il battit les ennemis à Lutzen, à Bautzen et à Dresde, mais il perdit, par la défection des Saxons nos alliés, la bataille de Leipzig où l'empereur lutta pendant trois jours contre les troupes de la Russie, de l'Autriche, de la Prusse et de la Suède réunies. Le carnage fut affreux, et cette bataille passe à bon droit pour la plus sanglante des temps modernes.

**134.** L'ennemi pénètre en France : Prussiens, Russes et Autrichiens suivent la Grande armée ; les Anglais occupent la Gironde et chassent devant eux le maréchal Soult. Napoléon, acculé, se défend avec intrépidité et fait subir à l'ennemi plusieurs défaites ; les Prussiens, les Russes et les Autrichiens sont tour à tour culbutés à Champ-Aubert, à Montmirail et à Montereau ; douze victoires sont remportées en un mois ; et Napoléon se préparait à écraser les ennemis entre son armée et la capitale, quand Paris fit sa soumission.

Napoléon, contraint d'abdiquer, se retira à l'île d'Elbe.

Le sénat eut le triste courage de donner le nom de tyran à celui que naguère il comblait d'éloges ; il espérait par cette bassesse donner le change au public et faire oublier sa conduite précédente. Louis XVIII monta sur le trône de France ; mais à peine y était-il assis que Napoléon apparut de nouveau. Les troupes envoyées contre lui l'acclamèrent au lieu de le combattre, et il n'eut aucune peine à ressaisir le pouvoir.

---

134. Quelles furent les victoires remportées par Napoléon en France ?

Où fut-il exilé ?

Demeura-t-il toujours à l'île d'Elbe ?

Sur quel champ de bataille l'empereur fut-il vaincu définitivement ?

Où termina-t-il sa vie ?

Cette apparition subite jeta l'alarme en Europe, et la coalition se reforma plus puissante que jamais. Napoléon, vaincu à Waterloo, malgré des prodiges d'héroïsme, se rendit aux Anglais, qui l'envoyèrent mourir à Sainte-Hélène, au milieu de l'Océan.

La coalition, heureuse d'avoir vaincu, abusa de sa victoire, et la sévérité qu'elle déploya nuisit au roi, que l'Europe aurait dû favoriser (1815).

# TABLE CHRONOLOGIQUE



DES

## PRINCIPAUX ÉVÉNEMENTS QUI SE SONT ACCOMPLIS
## DANS LE MONDE ENTIER

## DEPUIS 1815 JUSQU'A 1870

**1815.** 20 novembre. — Traité de paix entre la France et les puissances alliées. La France est réduite aux frontières de 1790.

27 novembre. — L'empereur de Russie donne une constitution à la Pologne.

**1816.** 8 juin. — *Russie.* Décret de l'empereur Alexandre abolissant la servitude dans l'Esthonie russe.

17 juin. — *France.* Mariage du duc de Berry.

5 septembre. — *France.* Dissolution de la Chambre introuvable.

1er octobre. — Ouverture, à Francfort, de la Diète germanique réunie sous la présidence de l'Autriche.

**1817.** 5 février. — *France.* Loi électorale portant à 300 francs de contributions directes le droit d'électeur, et à 1000 francs le cens d'éligibilité.

14 avril. — *Russie.* La diète de Courlande décrète l'affranchissement des paysans.

10 mai. — *Angleterre.* Les catholiques irlandais demandent en vain l'émancipation.

juillet. — Lutte entre l'Espagne et la république de Venezuela ; elle dure depuis plus d'un an.

**1818.** 1er janvier. — Indépendance du Chili reconnue.

5 février. — Mort de Charles XIII en Suède ; avénement de Bernadotte, couronné roi de Suède le 11 mai. Misère considérable en Espagne.

29 septembre. — Congrès d'Aix-la-Chapelle, statuant sur l'évacuation du territoire français par les troupes étrangères qui l'occupent depuis trois ans.

**1819.** Progrès des Sociétés secrètes en Allemagne, surtout dans les universités.

Mai-Septembre. — Désordres, guerres et massacres dans l'Amérique du Sud. Ces guerres dureront encore plus de trois ans. — La Nouvelle-Grenade s'érige en république indépendante.

16 août. — *Angleterre.* Sédition à Manchester.—Troubles en Irlande.

1ᵉʳ décembre. — Amnistie des exilés politiques Français, à l'exception des conventionnels qui ont voté la mort de Louis XVI.

**1820.** 29 janvier. — Mort de Georges III, roi d'Angleterre ; il laisse une fille au berceau, nommée Victoria.

13 février. — *France.* Assassinat du duc de Berry.

1-5 juillet. — *Italie.* Insurrection dans les Deux-Siciles.— Progrès des carbonari.

Khia-King, empereur des Chinois, persécuteur acharné des chrétiens, meurt, frappé de la foudre, dans son palais de Gé-Hol.

31 août. — Congrès de Troppau en Silésie, destiné à réprimer les révolutions.

21 octobre. — Le général Boyer, déjà chef d'une partie de Haïti, voit toute l'île se soumettre à son pouvoir.

**1821.** 8 mars. — Le général napolitain Pépé est battu, près de Riéti, par les Autrichiens, qui vont jusqu'à Naples.

Mars. — Insurrection hellénique. — Combats à Nauplie, à Navarin, aux Thermopyles. — Le gouvernement ottoman fait mourir cinq évêques et persécute les chrétiens.

5 mai. — Mort de Napoléon Iᵉʳ à Ste-Hélène.

9 mai. — La chambre de Norvége abolit la noblesse héréditaire.

**1822.** 27 janvier. — Le congrès d'Épidaure déclare la Grèce indépendante. — La guerre est reprise avec acharnement.

**1822.** 20 février.—17 mars.—Révoltes dans les écoles de France.

   3 mai. — Fondation à Lyon de l'OEuvre de la Propagation de la Foi.

   18 mai. — Les Mexicains se déclarent indépendants et proclament Iturbide empereur, sous le nom d'Augustin Ier.

   1er août. — Indépendance du Brésil proclamée; don Pédro, fils de Jean VI de Portugal, devient empereur.

**1823.** Guerre d'Espagne; brillante campagne exécutée sous les ordres du duc d'Angoulême.

   Juillet. — Luttes en Grèce. — Marcos Botzaris se dévoue et meurt à Missolonghi comme Léonidas aux Thermopyles. — Lord Byron favorise les Grecs de tout son pouvoir.

   20 août. — Mort de Pie VII à Rome. — Léon XII lui succède.

   16 décembre. — Le Mexique change sa constitution et s'organise sur le modèle des États-Unis.

**1824.** Suite de la guerre hellénique. — Mort de lord Byron à Missolonghi, 19 avril. — Les Turcs massacrent les Grecs dans l'île de Psara.

   Guerre du Pérou. — Les Espagnols regagnent une partie du terrain perdu en 1823.

   16 septembre. — *France.* Mort de Louis XVIII.

**1825.** Luttes sanglantes entre Buenos-Ayres et le Brésil.

   24 mars. — *France.* Vote de la loi d'indemnité en faveur des émigrés.

   17 avril. — Indépendance de Saint-Domingue reconnue par la France.

   29 mai. — *France.* Sacre de Charles X à Reims.

   Juin-août. — Succès des Grecs en Morée; résistance désespérée de Missolonghi.

**1826.** La lutte entre Buenos-Ayres et le Brésil prend des proportions désastreuses. — Cette guerre acharnée se prolongera jusqu'au mois d'août 1828.

**1826.** 29 mai. — *Turquie*. Révolte des Janissaires. — Leur destruction.

3 août. — *Russie*. Couronnement de Nicolas I<sup>er</sup> à Moscou.

**1827.** 5 juin. — *Grèce*. Capitulation d'Athènes.

13 octobre. — *Russie*. Prise d'Érivan.—Succès des Russes contre la Perse.

20 octobre. — Bataille de Navarin gagnée sur les Turcs par les Français, les Russes et les Anglais réunis.

**1828.** Avril-octobre. — Luttes des Russes contre les Turcs.

Les ministères se succèdent en France sans amener la paix intérieure.

**1829.** Luttes acharnées entre les Russes, les Turcs et les Grecs. — Indépendance de la Grèce reconnue, 14 septembre.

10 février. — Mort du Pape Léon XII. — Élection de Pie VIII.

Pouvoir tyrannique de don Miguel en Portugal; nombreuses victimes.

**1830.** 16 mai. — *France*. Dissolution de la Chambre des Députés.

26 juin. — *Angleterre*. Mort de Georges IV.— Son frère monte sur le trône sous le nom de Guillaume IV.

5 juillet. — *France*. Capitulation d'Alger.

27-29 juillet. — *France*. Révolution à Paris.

30 juillet. — *France*. Le duc d'Orléans, Louis-Philippe, fils de Philippe Égalité, obtient le titre de lieutenant-général du royaume.

7 août. — *France*. Il est proclamé roi des Français.

25 août. — Révolution à Bruxelles.

29 novembre. — Révolution à Varsovie.

**1831.** Léopold Ier de Saxe-Cobourg, nommé roi des Belges. — Intervention armée de la France.

Janvier-septembre. — Insurrection polonaise; elle se termine à la capitulation de Praga, 8 septembre.

2 février. — Grégoire XVI succède à Pie VIII. — La révolution travaille l'Italie.

Février. — *France.* Troubles à Paris.

24 mars. — *France.* Une loi bannit à perpétuité les Bourbons de la branche aînée.

30 novembre. — Traité passé entre la France et l'Angleterre pour empêcher la traite des nègres.

**1832.** 22 février. — Occupation d'Ancône par les troupes françaises.

Mars-septembre. — *France.* Invasion du choléra; nombreuses victimes.

Mai-décembre. — Ibrahim, fils du vice-roi d'Égypte, remporte en Syrie et en Asie-Mineure de nombreuses victoires.

22 juillet. — Mort du duc de Reichstadt, Napoléon II.

23 décembre. — Prise de la citadelle d'Anvers par les Français, alliés des Belges.

**1833.** Février. — La Russie se déclare protectrice de la Turquie contre l'Égypte.

10 mai. — *France.* La duchesse de Berry, secrètement mariée au comte Lucchesi Palli, met au monde une fille.

19 juin. — Divisions en Suisse. — Diète de Zurich; guerre fédérale.

Commencement de la lutte d'Abd-el-Kader contre la France.

29 septembre. — Mort de Ferdinand VII, roi d'Espagne; sa fille Isabelle, âgée de quatre ans, lui succède.

Octobre. — *Espagne.* Les Carlistes proclament Charles V et le soutiennent les armes à la main; les Bourbons d'Italie leur sont favorable.

**1834.** 7-10 avril. — *France*. Insurrections à Lyon, Marseille, Paris, etc.

20 mai. — *France*. Mort de la Fayette.

Guerre civile en Espagne. — Invasion du choléra à Madrid, 16 juillet ; le peuple massacre les moines sous prétexte qu'ils ont empoisonné les fontaines.

**1835.** Janvier-octobre. — Guerre civile au Brésil.

20 février. — Un tremblement de terre bouleverse trois provinces du Chili.

Juillet. — *Russie*. Les biens des émigrés polonais sont confisqués au profit du Trésor impérial.

28 juillet. — *France*. Attentat de Fieschi sur la personne du roi Louis-Philippe ; le maréchal Mortier est tué auprès de lui.

**1836.** Janvier-novembre.—*France*. Luttes du maréchal Bugeaud en Algérie contre Abd-el-Kader.

Août-septembre. — Guerre du Kurdistan, où Reschid-Pacha remporte plusieurs victoires éclatantes.

9 septembre. — Révolution à Lisbonne.

**1837.** 30 mai.—*France*. Mariage du duc d'Orléans. — Amnistie politique.

20 juin. — Mort de Guillaume IV, roi d'Angleterre ; avénement de Victoria.

Septembre-octobre. — Lutte de don Carlos en Espagne.

20 novembre. — Persécution du roi de Prusse contre l'archevêque de Cologne.

**1838.** 24 août. — *France*. Naissance du comte de Paris.

1er septembre. — L'empereur d'Autriche reçoit à Milan la couronne lombardo-vénitienne.

27 novembre. — Prise du fort de Saint-Jean-d'Ulloa, au Mexique, par le contre-amiral Baudin et le prince de Joinville.

**1839.** 1er janvier. — Incendie épouvantable dans le port d'Han-Keou, en Chine; on estime à soixante-dix mille le nombre des victimes.

24 avril-7 août. — Succès des Anglais sur les frontières de la Perse.

28 octobre. — *France.* Succès du maréchal Valée en Algérie.

1er décembre. — La Russie déclare la guerre au khan de Khiva.

**1840.** La querelle suscitée entre l'Égypte et la Porte est l'objet d'actives négociations entre l'Angleterre, l'Autriche, la France, la Prusse et la Russie.

Juillet. — Fin de la guerre carliste en Espagne.

6 août. — *France.* Louis-Napoléon est arrêté à Boulogne et condamné à un emprisonnement perpétuel.

15 décembre. —Arrivée des cendres de Napoléon Ier à Paris.

**1841.** Mai-octobre. — Guerre de l'Angleterre contre la Chine.

Juillet-septembre. — *France.* Troubles à Toulouse, Lille, Clermont, etc.

9 novembre. — *Angleterre.* Naissance du prince de Galles.

**1842.** Juillet-septembre. — Nouvelle guerre des Anglais contre la Chine. — Insuccès dans l'Afganistan.

13 juillet. — *France.* Mort du duc d'Orléans, par suite d'une chute de voiture.

**1843.** Février. — Tremblement de terre à la Guadeloupe; destruction de la Pointe à Pitre.

Violente crise sociale en Angleterre; Daniel O'Connel soulève l'Irlande.

**1844.** 27 janvier. — Mort de Bernadotte en Suède; son fils Oscar Ier lui succède.

Mai-août. — Guerre de la France avec le Maroc.

24 octobre. — *rance.* Traité de commerce avec la Chine.

Octobre. — *États-Unis d'Amérique*. Émigration des Mormons vers les montagnes Rocheuses.

**1845.** *États-Unis d'Amérique*. Brigham Yong, chef des Mormons, établit sa colonie dans l'Utah, au sud du lac Salé.

4 juin. — *Espagne*. Don Carlos abdique en faveur de son fils aîné, le comte de Montémolin.

Juillet. — *Grèce*. Insurrection en Albanie.

**1846.** Désordres en Irlande et en Pologne.

25 mai. — *France*. Évasion du prince Louis-Napoléon.

1er juin. — Mort de Grégoire XVI.

16 juin. — Élection du pape Pie IX.

La Suisse est travaillée par le radicalisme.

**1847.** *France*. — Luttes en Kabylie. — Prise d'Abd-el-Kader.

Pie IX fait entrer l'Administration pontificale dans la voie du progrès. — Joie universelle.

Février-septembre. — Guerre acharnée entre les États-Unis et le Mexique.

**1848.** 23-24 février. — *France*. Révolution. — Chute de Louis-Philippe. — Proclamation de la République.

La révolution agite successivement Messine, Palerme, Vienne, Berlin, Cracovie, Bucharest, Parme, etc.

Succès des Autrichiens en Italie.

23-26 juin. — *France*. Batailles sanglantes dans Paris; mort de Mgr Affre, archevêque de Paris.

Novembre. — Révolte à Rome; le pape quitte ses États.

20 décembre. *France*. Louis-Napoléon est élu président de la République par 5,600,000 voix sur 7,000,000 de votants.

**1849.** Les Autrichiens luttent à la fois en Hongrie et en Italie.

22 avril. — *France*. Expédition de Rome conduite par le général Oudinot. — Restauration pontificale.

23 avril. — *Italie*. Abdication de Charles-Albert; avéne-

ment de Victor-Emmanuel au trône de Sardaigne.

**1850.** 25 février. — Mort de l'empereur de Chine, Tao-Touang; son fils Hien-Fong lui succède. — Grave insurrection sous la conduite de Tien-te.

Luttes diplomatiques entre l'Autriche et la Prusse.

Juin. Affaire du Sleswig et du Holstein; guerre imminente entre la Prusse et le Danemark.

26 août. — Mort de Louis-Philippe.

Septembre. — Une ordonnance de Pie IX rétablit la hiérarchie catholique en Angleterre.

**1851.** Grande exposition internationale au palais de Cristal, à Londres.

2 décembre. — *France*. Coup d'État; appel au peuple. 7,439,216 voix contre 640,733 confèrent au prince-président le pouvoir pour dix ans.

**1852.** Janvier. — Guerre des Anglais contre les Birmans.

14 janvier. — *France*. Constitution donnée par le prince-président.

7 novembre. — *France*. Sénatus-consulte qui rétablit l'Empire et le déclare héréditaire.

21-22 novembre. — *France*. Plébiscite approuvant le sénatus-consulte, par 7,824,189 voix contre 253,145.

2 décembre. — *France*. Napoléon est proclamé empereur.

Décembre. — Guerre des Turcs contre les Monténégrins.

**1853.** 29-30 janvier. — *France*. Mariage de l'empereur.

Le protectorat de la Russie sur les chrétiens de la Turquie d'Europe devient la source de grandes difficultés. — Premières luttes entre la Russie et la Turquie.

Mars-décembre. — Affreux désordres commis en Chine par les partisans de Tien-te.

Juillet. — Le Japon, jusque-là fermé au commerce étranger, fait un traité avec les États-Unis.

24 septembre. — Prise de possession de la Nouvelle-Calédonie par la France.

**1854.** Guerre d'Orient; les Français et les Anglais défendent la Turquie contre les empiétements de la Russie.

28 juin. — Révolution militaire en Espagne.

Décembre. — Guerre de la Perse contre le sultan de Mascate.

**1855.** Suite de la guerre d'Orient. — 8 septembre, prise de Sébastopol.

2 mars. — *Russie*. Mort de l'empereur Nicolas; Alexandre II, son fils, lui succède.

Juillet. — Traité de commerce entre la France et la Perse.

8 novembre. — L'ingénieur français Ferdinand de Lesseps va en Égypte étudier la question du percement de l'isthme de Suez.

**1856.** Mars. — Congrès de Paris où les puissances européennes arrêtent d'un commun accord les conditions de paix avec la Russie.

16 mars. — *France*. Naissance du prince impérial.

Juin. — Guerre des Anglais contre la Perse.

**1857.** Insurrection dans les Indes anglaises ; lutte acharnée. Crise monétaire en Angleterre et aux États-Unis.

Mars. — *France*. Augmentation de la colonie du Sénégal.

Mai-décembre. — Guerre de Chine. — Bombardement de Canton par la flotte anglo-française.

24 août. — *France*. Ratification d'un traité de commerce avec Siam.

**1858.** 14 janvier. — *France*. Attentat contre la vie de l'empereur.

Janvier-juillet. — Les Anglais et les Français combattent contre les Chinois; ouverture au commerce européen des grands ports de la Chine.

**1858.** Février-octobre. — Lutte entre les Monténégrins et les Turcs; les grandes puissances européennes interviennent.

Révoltes dans les Indes anglaises.

Juillet-octobre. — Les États-Unis, l'Angleterre et la France font un traité de commerce avec le Japon.

31 août. — Expédition française en Cochinchine.

**1859.** Guerre d'Italie. — L'Autriche déclare la guerre au Piémont; la France prend le parti des Italiens; luttes très-meurtrières à Magenta (4 juin) et à Solferino (24 juin). Paix signée à Villafranca (11 juillet).
Octobre. — *France*. Campagne du général Martimprey contre les Marocains.

Guerre civile au Mexique.

**1860.** Annexion de Nice et de la Savoie à la France.
Massacre des chrétiens maronites par les Druses; intervention et protection de la France.

3 mai. — *Suède*. Sacre de Charles XV à Stockholm.

Août-octobre. — Expédition de Chine accomplie par les Français unis aux Anglais. Traité de Pékin.

Lutte des Espagnols contre les Marocains.

L'Italie, tenue en alerte par les annexions à la couronne de Sardaigne, est troublée par l'esprit révolutionnaire. — Envahissement des États pontificaux et du royaume de Naples par les Piémontais. — Dévouement de Lamoricière.

**1861.** 2 janvier. — Avénement en Prusse de Guillaume Ier.

24 février. — Guerre des Français et des Espagnols contre les Annamites.

Commencement de la guerre entre les États-Unis du Sud et ceux du Nord, à propos des esclaves.

17 août. — Rakoto Radama II, prince éclairé, favorable aux Français, monte sur le trône de Madagascar.

Insurrection polonaise.

31 octobre. — Convention entre la France, l'Angleterre et l'Espagne, contre Juarez, président du Mexique.

**1862.** Succès des Français en Cochinchine ; le traité du 5 juin leur donne trois provinces. — Origine de la colonie française de Saïgon.

*France.* — Guerre du Mexique.

Août. — Batailles sanglantes entre les Monténégrins et les Turcs.

**1863.** Révolution à Madagascar. — Rakoto Radama est étranglé.

La lutte des États-Unis devient de plus en plus violente.

**1864.** Guerre de la Prusse alliée à l'Autriche contre le Danemark.

A Madagascar , renversement de Rainivoninahitriony, l'assassin de Rokoto Radama.

**1865.** *France.* Triste issue de la guerre du Mexique; notre armée y restera encore deux ans. — Assassinat de Maximilien Ier.

Octobre. — Nouvelle invasion du choléra à Paris.

**1866.** Guerre de la Prusse unie à l'Italie contre l'Autriche. — Sadowa. — La Prusse obtient la suprématie dans la Confédération de l'Allemagne du Nord.

Inondations sur plusieurs points de la France.

**1867.** Garibaldi envahit les États pontificaux ; nouveau corps expéditionnaire français. — Défaite de Garibaldi à Mentana.

Magnifique exposition universelle à Paris. — Visite des souverains.

**1868.** Progrès de la colonie française de Cochinchine.

Assassinat de Michel Obrenovitch en Serbie.

Progrès de la Russie en Asie.

Troubles en Abysssinie. — L'usurpateur Théodoros.

8 septembre. — Lettre de Pie IX à tous les évêques du

rit oriental qui ne sont pas en communion avec Rome.

**1869.** Rude persécution au Japon.

Révolution d'Espagne ; chute d'Isabelle II.

Concile Œcuménique du Vatican. — Il faut remonter à plus de trois siècles pour rencontrer une assemblée aussi imposante.

**1870.** Infaillibilité pontificale définie.

8 mai. — *France.* Plébiscite approuvant par 7,336,434 voix contre 1,560,709 la nouvelle constitution votée par le Sénat.

Candidature du prince de Hohenzollern au trône d'Espagne.

15 juillet. — Déclaration de guerre de la France à la Prusse ; Napoléon III est fait prisonnier à Sedan, le 3 septembre, et le lendemain la République est proclamée à Paris.

5—1108 Paris. Typographie Morris Père et Fils, rue Amelot, 64